슬기로운
수의대생활🐾

슬기로운 수의대생활

발행	2022년 02월 11일
저자	이다예 김요환 이종성 허재벽 박나단
펴낸이	한건희
펴낸곳	주식회사 부크크
출판사등록	2014.07.15.(제2014-16호)
주소	서울 금천구 가산디지털1로 119 SK트윈테크타워 A동 305-7호 부크크
전화	1670 - 8316
E-mail	info@bookk.co.kr
ISBN	979-11-372-7373-3

슬기로운
수의대생활

이다예 김요환 이종성 허재벽 박나단 지음

BOOKK

추천사

 현재 수의과대학에 재학 중인 졸업을 앞둔 학부생들이 지금까지의 학교 생활을 돌아보며 쓴 책인 만큼 대학에서 느낄 수 있는 경험들을 재밌게 풀어냈습니다. 다양하고 센스 있는 질문으로 생각지도 못했던 곳을 알려주어 먼저 학교를 다닌 선배가 후배에게 전해주는 따뜻한 조언처럼 느껴집니다.

 수의대 입학에 관심이 있는 예비 수의학도들뿐만 아니라 본과 생활이 걱정되는 예과생, 추후 진로에 막연한 두려움을 가지고 있는 본과생들에게도 도움이 될 것 같습니다.

 시중에 출간되어 있는 관련 서적들보다 눈높이를 낮추어 수의대생의 실생활을 담으려고 했던 노력이 엿보입니다. 특히 학술적인 이야기뿐만 아니라 잘 알려지지 않은 수의과대학 모습들 또한 생생하게 담겨 있어 신선하고 좋았습니다.

 읽다 보니 흥미로워서 다시 수의대 입학을 하고 싶은 마음조차 듭니다. 책을 읽으면서 저의 수의대 시절도 돌아 볼 수 있는 좋은 경험이었습니다. 졸업 한 지 얼마 되지는 않았지만, 제가 학교 다닐 때 하지 않았던 실습이나 활동이 생긴 걸 보면 많은 분들의 노고로 한국 수의학 커리큘럼이 나날이 발전하는 것 같아 감회가 새롭습니다.

　반려동물에 대한 사람들의 관심이 높아지면서 자연스럽게 수의대를 희망하는 학생들도 많아졌습니다. 하지만 전국에 10개 대학밖에 없어 관련 내용을 비교적 접하기 힘들고 아직 수의과대학에 대한 이야기를 다룬 책들 또한 시중에 많이 출간되지 않은 실정입니다.

　'슬기로운 수의대생활'을 통해서 다양한 매력이 있는 수의대와 수의사에 대해서 관심을 가지는 독자분들이 많아졌으면 좋겠습니다.

-밀양시청 공중방역수의사 서상혁-

머리말

 책을 쓰기 시작한 것이 엊그제 같은데 이렇게 머리말을 쓰는 날이 오다니 감회가 새롭습니다. 처음에는 그저 이 책으로 수의대를 꿈꾸는 학생들과 수의예과생들에게 도움이 됐으면 하는 마음에서 비롯된 글이었는데, 쓰다 보니 저희에게도 6년간의 수의대 생활을 돌아보게 되었던 뜻깊은 시간이 었습니다.

 저희가 조금 더 어렸던 시절 '누가 이런 이야기를 나에게 해주었으면 좋지 않았을까?' 하는 마음을 가득 담아 책 한 권에 담았습니다. 이 책으로 인해 수의예과 학생들에게는 조금 더 '슬기로운' 수의대 생활을, 수의대를 꿈꾸는 학생들에게는 '미래의 목표'를 그려보는 데 도움이 됐으면 좋겠습니다.

 비록 전문적인 작가도, 수의사도 아니지만 도움이 되고 싶다는 마음 하나로 책을 쓰게 되었습니다. 완벽하진 않지만 그저 그런대로 25,26,27살 각자의 모습이며, 독자분들도 그런 저희의 모습들을 따스한 시선으로 봐주셨으면 좋겠습니다.

 바쁜 수의대 생활 와중에도 틈틈이 시간 내서 같이 책을 완성한 서로에게 수고의 말 전하며, 이 책을 완성하기까지 도와준 모든 수의대 동기, 선후배 여러분께도 감사의 말씀 드립니다.

 아직 작가로서는 '초보'지만 수의사로서는 각자의 자리에서 빛날 수 있는 '프로'가 될 그날을 고대하며

-책뚝딱이 일동-

차
례

III. 슬기로운 수의대 생활 (학교 생활)

Ⅳ. 수의대/수의사에 대한 A to Z

Ⅴ. 수의대에 진학하고 싶은 그대를 위해 (수의대 입학)

I

우리들의
이야기

1. 자기소개 (취미, 반려동물 등)

박나단 : 내 MBTI는 ENFJ야. 주요 특징 중에 하나는 다른 이들로 하여금 그들의 꿈을 이루며, 세상에 빛과 소금이 될 수 있도록 사람들을 독려하는 것을 좋아한다는 거야. 그래서 그런 의미에서 이 책을 만드는데 동참하기로 했어. 이 책이 얼마나 많은 사람들한테 읽히고 도움을 줄 수 있을지 모르겠지만, 한 명이라도 도움을 받는다면 정말 기쁠 것 같아.

이다예: 나는 밝고 적극적인 성격이야. 내가 하고 싶은 일이 있으면 끝까지 노력해서 결국에는 이뤄내는 집념 또한 가지고 있지! 사람 만나는 걸 매우 좋아해서 대학교 학부 시절에 다양한 활동을 해왔었어. 그리고 취미는 사진 찍는 것인데, 언젠간 내 이름으로 사진집을 내는 게 꿈이야!

이종성: 나는 다양한 활동을 좋아하는 성격이야. 고등학교 때까지는 공부만 해왔기 때문에 실천을 못했지만 대학교에 와서 이것저것 다양한 활동을 경험해 보려고 노력했어. 동아리 회장, 학생회, 대외활동 등 대학생이 할 수 있

는 활동에 참여했고 너희들에게 도움이 되고 싶어서 '책 뚝딱이'에서 글을 쓰게 되었어.

김요환 : 나는 모험을 좋아하고 뭐든 한 번쯤 해봐야 한다고 생각하는 사람이야. 여행하는 걸 좋아하고, 지금까지 가본 나라는 서유럽 몇 군데랑, 인도, 싱가포르, 일본, 이집트, 터키 정도? 매일매일 하는 취미보다는 한 달에 한 번이나 일 년에 한번 하는 익스트림 취미를 좋아해. 다이빙이나 경비행기 운전 체험, 패러글라이딩 체험 같은 걸 좋아해. 나중에 시간이 된다면 파일럿 면허도 따보고 승마나 펜싱도 배워보고 싶어.

허재벽 : 안녕 나는 특수동물, 파충류를 좋아해서 특수동물 수의사를 꿈꾸며 수의대를 다니고 있는 학생이야. 지금도 거북이와 뱀 같은 파충류를 사육하고 키우는 취미를 가지고 있어. 내가 쓴 글들이 너희들에게 도움이 되었으면 좋겠다.

2. 수의대에 왜 진학하게 되었나요?

이다예 : 나는 어렸을 때부터 동물을 좋아했고, 수의사 전의 꿈이 사육사였을 정도로 동물 관련된 일을 하고 싶어 했었어.

그러던 와중 내가 중학교 3학년 때 '세종과학실험캠프'에 참여하게 되었는데 이 캠프를 통해서 수의사가 되겠다고 마음을 먹게 되었어. 이전까지 내가 했던 실습들은 모두 해부나 부검 정도에 그쳤었는데, 이 캠프의 프로그램에서는 마우스를 수술한 후 다시 소생시키는 실습이 있었거든. 동물을 살리는 과정에서 이전까지 느껴보지 못했던 감정을 느꼈고, '나는 생명을 살리는 일을 해야겠다'라고 생각했어.

그래서 동물 관련된 일이면서, 생명을 살리는 직업인 수의사가 되어야겠다 마음을 먹고, 중학교 3학년 때부터 현재까지 수의사의 꿈을 가지고 열심히 공부하고 있어!

허재벽 : 나는 동물을 매우 좋아했어. 키우는 것도 좋아했고, 관찰하는 것 모두 좋아했지. 그러다 보니 자연스럽게 동물을 가장 가까이서 접할 수 있는 사육사를 하고 싶다는 꿈이 생겼어. 하지만 현실적으로 한국에서 사육사라는 직업은 매우 힘들겠더라고. 급여보다 일의 강도도 세고, 한국 내에서 취직할 곳을 찾기도 힘들다는 이야기를 많이 들었어.

그러던 와중에 키우던 도마뱀이 매우 아팠어. 개, 고양이 병원은 지금도 매우 많지만, 파충류를 진료할 수 있는 병원은 지금도 매우 적어서 진료를 볼 수가 없었지. 이 때문에 혼자서 인터넷과 서적을 찾아가며 도마뱀을 치료했었어.

그런데도 결국 도마뱀은 더는 살지 못했고, 반려동물의 죽음으로 인한 슬픔과 동시에 병원이 적어서 제대로 된 치료를 받을 수 없었다는 아쉬움도 들었었어. 그 후에 특수동물을 키우는 다른 사람들도 이런 경험이 많겠다는 생각이 강하게 들었었어. 그래서 이때부터 우리나라에서 특수동물 쪽 수의사를 하고 싶다고 생각하게 된 것 같아. 한마디로 정리하면 나는 내가 키우는 특수 동물들뿐만 나처럼 특수동물을 키우시는 다른 사람들의 소중한 동물에게도 제대로 된 진료와 치료를 제공하고 싶어서 수의대에 왔어.

김요환 : 다들 초등학생이나 중학생 때 장수풍뎅이랑 사슴벌레에 한 번쯤은 빠질 때가 있잖아? 나도 곤충에 관심이 많을 때 있었어. 특히 개미에 관심이 많았었는데, 번식 시기에 맞추어 여왕개미를 채집해 한 마리의 여왕개미의 군집을 이루는 과정을 관찰하기도 하고, 다양한 종을 수집해서 생김새나 종간 차이를 알아보기도 했어. 고등학교 때는 이 내용으로 소논문을 작성하기도 했지.

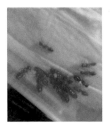

이러한 일련의 경험들이 나에게 생명을 다루는 과학자가 되고 싶다는 생각을 하게 만든 것 같아. 보통 생명과학과에 진학을 많이 하지만, 나는 많은 동물들을 다루고 싶어서 법적으로 동물을 가장 넓게 다룰 수 있는 직업인 수의사가 되고자 수의대에 진학했어.

박나단 : 보통 대부분의 동기들은 '동물'의 생명을 살리고자 수의대에 진학하는 경우가 많아. 하지만 나는 동물이 '사람'에게 가지는 의미에 더 큰 매력을 느껴 수의대 진학을 결정하게 되었어.

이러한 결정에 중요한 계기가 되었던 것은 고모의 강아지였어. 고모께서 강아지를 키우시는데, 고모에게 있어 강아지는 동물의 의미를 넘어서 행복함과 따뜻함을 주는 '가족'이더라고.

고등학교 진학 후, 진로에 대한 고민을 많이 할 때, 고모의 강아지와 그 강아지가 고모에게 주는 의미가 많이 생각 났어. 그래서 반려동물의 생명을 살림으로서 가정에 행복을 되찾아 주는 수의사가 되고 싶다는 꿈을 키우게 되었어.

이종성 : 고등학교 때부터 수의대에 관심이 많았던 다른 동기들과 다르게

사실 나는 학창 시절에 수의대에 큰 관심이 없었어. 수의사가 무슨 일을 하는지 정확히 몰랐고 그저 동물과 관련된 학과겠구나 정도로만 생각했었지. 그럴 수밖에 없었던 게 부모님이 동물을 무서워하는 편이셔서 반려동물을 키운 적이 없었거든.

이후에 재수를 할 때 친한 고등학교 친구가 먼저 수의대에 입학하게 되면서 친구를 통해 수의학과 얘기를 자세히 들을 수 있었어. 진지하게 수의대 진학을 결심한 것은 삼수가 끝난 후 수능 점수가 나왔을 때야. 내 점수로 갈 수 있는 대학은 소위 명문대라고 말할 수 있는 대학의 자연 학과, 공대 그리고 지방 수의대였어.

그때부터 수의학과에 대해 자세히 알아봤고 친한 친구에게도 많이 물어봤지. 동물 관련 경험이 많이 없던 내가 수의학과에 적응할 수 있을지에 대해 고민을 정말 많이 했던 거 같아. 상담도 받고 고민 끝에 동물을 좋아하는 마음이 있다면 잘 적응할 수 있을 거라는 확신이 들어서 '수의대'를 진학하게 되었어.

수의대에서는 무엇을 배울까?
(수의대 학업)

1. 수의대 커리큘럼이 어떻게 되나요?

이종성 :

수의학과는 예과 1, 2학년과 본과 1, 2, 3, 4학년으로 구성되어 있어. 그럼 6년간 무엇을 배우는 걸까? 학교마다 커리큘럼에서 조금의 차이는 있지만, 수의대 졸업을 위해 필수적으로 이수해야 하는 과목이 정해져있기 때문에 큰 틀에서는 차이가 없어.

수의예과는 대학생으로서 필요한 기초를 다질 수 있는 교양과목을 다른 학과 학생들과 듣기도 하고, 수의학과에 진학하기 위해 기초를 다치는 '화학' '생물' '세포분자생물학' 등의 필수 전공을 듣게 돼.

본과 1학년 과목에서는 기초 수의학을 공부하게 되는데, 생리학, 조직학, 해부학 등 동물의 정상적인 구조와 생리에 대해 배우게 돼.

수의예과 교과과정

본과 1학년이 생체학적으로 정상의 상태를 공부했다면 본과 2학년은 질병을 가지고 있는 병적인 상태에 대해서 공부하게 돼. 이뿐만 아니라, 공중보건학이나, 전염병학 등 원헬스와 관련된 과목에 대해서도 배워.

본과 3학년, 4학년부터는 임상 과목을 배우게 돼. 이 기간 동안은 이론 공부뿐만 아니라 많은 실습을 병행하게 되지. 특히 본과 4학년 때는 '로테이션'을 통해서 여러 과목들에 대해 경험해 볼 수 있어.

이 모든 커리큘럼을 마친 후 국가고시를 통과하면 비로소 수의사가 될 수 있는 거야!

수의학과 교육과정

2. 수의대에서 배울 수 있는 동물들 범위가 어떻게 되나요?

박나단 : 대부분의 과목은 강아지와 고양이에 대해 주로 배우지만 몇몇 특이한 과목에서는 그 이외의 동물에 초점을 맞춰서 배우게 돼. 예를 들면, 대동물내과/외과학은 대동물(소, 돼지, 말), 조류질병학은 조류, 야생동물 질병학은 특수동물(고슴도치, 토끼 등등), 수생 동물학은 어류에 관한 전반적인 지식을 배울 수 있어. 하지만 소동물보다 수업 시간이나 내용이 부족하다 보니 다른 동물에 관심이 많은 학생은 수업 내용 이외에 따로 공부하는 경우가 많아.

3. 수의대생은 공부를 많이 해야하나요?

허재벽 : 수의대 공부량은 객관적으로 봤을 때 타 과에 비해서 많은 것은 맞아. 우선 본과 기준으로 타과는 17~20학점 정도 수업을 듣는데 수의학과는 23학점 정도를 4년간 듣기 때문에 전체 공부량이 당연히 많을 수밖에 없지.

그런데도 각자 개인이 공부하는 시간과 양은 너무 제각각이야. 성적을 중요하게 생각하고 졸업 후 대학원과 같은 목적의식이 있는 친구들 같은 경우는 다른 동기들에 비해서 공부도 엄청나게 열심히 하고 정말 '어떻게 저 정도까지 공부하지'라는 생각이 들 정도로 열심히 해.

반면에 성적에 크게 신경 쓰지 않고 하고 싶은 일에 더 치중하는 나 같은 사람들은 최소한 유급하지 않을 정도로만 공부해.

공부를 적게 한다는 게 자랑은 아니야. 당연히 공부를 많이 하는 것이 좋고 미래에 수의사 일을 하려면 많이 하는 것이 좋은 수의사가 될 더 높은 가능성을 가지고 있지. 그렇지만 나는 최소한 필요한 정도만 공부하고 그 이외의 시간에 실습을 찾아서 하거나 운동 같은 내가 하고 싶은 일을 하는 것이 더 재밌고 즐거웠어.

그리고 공부량과 성적이 언제나 일치하는 것은 아니더라고. 본과에 올라가고 1학기 때 나름으로 열심히 한다고 공부를 했었는데 내가 기대한 만큼 성적이 잘 나오지 않더라. 고등학생 때는 나름 성적이 최상위권이었는데 공부 잘하는 친구들 사이에 있으니까 내 나름의 노력을 해도 좋은 성적을 받기가 어렵더라.

결국, 자기가 생각하기에 필요한 만큼 공부하고 노력하면 되는 것 같아. 다만 나중에 후회하게 될 가능성도 충분히 크니까 그 선택에 관한 책임을 질 자신이 있으면 된다고 생각해.

이종성 : 수의대 공부량은 사람마다 체감하는 게 전부 다를 거 같아. 유급을 면할 정도의 공부만 하는 동기들도 있고 매일 복습하고 또 시험 기간에는 밤을 새우면서 공부하는 동기들도 있거든. 그래서 같은 강의실에서 공부를 하다 보면 같은 동기들이 맞나 싶을 정도로 시험을 대하는 태도가 천차만별이야. 또한 학년별로 공부량의 차이가 생기는 것 같아. 예과 때는 정말 여유로운 편이고 본과 때는 조금씩 차이가 있지만 대부분 공부량이 많아.

나의 경우엔 예과 때는 공방수 합격을 위해 딱 중간 등수 정도로만 공부했어. 예과 때는 시험 자체도 많지 않았기 때문에 큰 스트레스를 받지 않고 본과에 진학했지. 본과에 올라가면서 학점에 대한 욕심이 처음으로 생기더라구. 그리고 꼭 학점뿐만 아니라 'F'를 받지 않으려면 어느 정도의 공부량을 해야 하는지 감이 안 와서 더 불안했었어. 그래서 불안감을 이겨내기 위해 더 공부를 열심히 하다 보니까 학점이 내가 생각한 것 이상으로 너무 잘 나온 거야?! 좋은 학점을 처음으로 받아보니까 계속 욕심이 생기더라고! 나는 보통 공부를 학교에 남아서 하는 편이었는데 수업이 끝나도 강의실에 남아 12~1시까지 공부를 항상 했었어. 혼자 강의실 불을 끄고 수의대에서 집까지 내려가는 길이 생각해 보면 힘들지만 뿌듯했던 것 같아.

이 태도를 유지했어야 했는데 아쉽게 학년이 올라갈수록 이 공부량을 유지하지 못했어. 본과 2학년 2학기 마지막 시기쯤에 개인적으로 힘든 일이 많이 생겼는데 그때 학점 욕심을 많이 내려놓았던 것 같아. 그리고 본과 3학년은 개인적으로 후회스러운 학년이었어. 임상 과목을 본격적으로 배우는 학년이었는데 내가 생각한 것보다 열심히 하지 않아서 학기가 마치고 보니 너무 아쉽더라구.

공부를 안 하면 시험 기간 순간에는 몸은 편할 순 있지만, 심적으로는 오히려 더 불안하고 후회가 오래 남는 것 같아! 결국 공부라는 게 남을 위해서가 아니라 나를 위해서 하는 거잖아? 너희들은 나 같은 후회를 하지 말고 자신을 위해 열심히 공부하다 보면 결국 너희들에게 도움이 되는 순간이 꼭 있을 거야.

김요환 : 첨언하자면, 수의대에는 다른 학과들과 다르게 '유급제도'라는 것이 있어. 특정 조건에 해당하면 해당 학년이 초기화되고 다시 모든 과목을 재이수 해야 하는 제도야. 유급을 하게 되면 해당 학년을 다시 다녀야 하고, 또 여러 번 유급하게 되면 제적 당할 수도 있기 때문에 열심히 공부하는 친구들이 많지.

 유급 조건 몇 개 예시 적어둘게

충남대학교 학칙 제67조(유급)

1. 의과대학 의학과는 각 학기에 배정된 전공과목의 학점을 취득하지 못하였을 경우에는 학기말에 유급시키고,학년성적 평균평점이 2.0미만인 경우에는 학년말에 유급시킨다.
2. 수의과대학 수의학과는 각 학년 성적 평균평점이 2.0미만인 경우에는 학년말에 유급시킨다.(신설 2014.2.17.)
3. 유급자는 유급된 해당 학기 또는 해당 학년의 전 교육과정을 다시 이수하여야 한다. (신설 2009.2.23, 2009.7.1. 2014.2.17)

대학	F 기준	평점	유급 시 재수강 과목	유급 제적 기준
서울	F 1개	1.7미만	C+ 이하 재수강	동일학년 2회 재학중 3회시 제적.
건국	F 1개	2.0미만	전부 재수강	4회시 제적
강원	F 1개	2.0미만	전부 재수강	3회시 제적
경북	F 1개	1.7미만	??	3회시 제적
경상	F 1개	1.75미만	F로 유급시 해당학기 C+ 이하 재수강 1.75미만으로 유급시 1.75미만인 학기 전부 재수강	예과 3회 본과 5회시 제적
전남	F 1개	1.75미만	C+ 이하 재수강	3회시 제적
전북	F 1개	1.87미만	C+ 이하 재수강	유급 제적은 없음. 학기별 1.75미달 4회시 제적.
제주	F 3개	1.7미만	C+ 이하 재수강	4회시 제적
충남	F 기준 없음	2.0미만	전부 재수강	유급 제적은 없음
충북	F 1개	2.0미만	C+ 이하 재수강	예과 2회 본과 3회시 제적

4. 어떤 공부가 가장 힘들었나요?

이다예 : 나는 과목 자체로서 가장 힘들었던 것을 꼽자면 '해부학'이었어. 수의학에서 가장 중요한 분야이기 때문에 잘해야 한다는 압박감도 컸었고, 방대한 공부범위와, 여러 번의 시험 등 여러 가지 요소들이 작용해서 날 가장 힘들게 했지.

해부학에서는 뼈, 근육, 신경, 혈관, 장기 등을 복합적으로 다 배우기 때문에 단순히 "어디 위치에 뭐가 있다" 라고 외우는 것이 아니라 이 구멍의 이름이 무엇이고, 여기를 통해 어떤 신경, 어떤 혈관이 지나가며 이 위로 어떤 근육이 지나가는지가 복합적으로 머릿속으로 그려져야 해. 그래서 아직도 내게는 어려운 과목 중 하나야.

또 해부학에서는 여러 번의 시험을 봐. 그중 특이한 시험을 꼽자면 "땡시" 라는 것이 있어. 땡시는 이름에서 알 수 있다시피 "땡~" 하는 소리와 함께 피피티 슬라이드나 넘어가는 시험이야. 한 슬라이드당 10초를 주고 그림에서 표시하는 부분의 한글이름과 영어이름을 적으면 돼. 듣기에는 쉬워 보이지만 10초 동안 이름을 적기에도 바빠서 보자마자 해당 부위의 이름이 생각나지 않으면 적을 수 없는 시험이야. 또 문제 수가 많아서 지나간 문제에 대해 미련을 가지면 전체 시험을 망칠 수도 있는 무시무시한 시험이지.

우리 학교에서는 땡시와 일반 지필 시험을 포함해서 한 학기에 총 5번의 해부시험을 보았어. 해부학 이외에 다른 과목들도 3번씩 보는 경우가 많았기 때문에 본1 때는 시험이 끊이질 않았지.

그러나 해부학은 힘든 과목인 만큼 나중에 어떤 과목을 하던 도움이 많이 되는 것 같아. 내 주변에서 본1 때 해부학이 힘들다고 포기하고 다른 과목에 전념한 경우가 많았는데. 결국, 나중에 후회하더라고.

일반과목 (예를 들면 생리학, 생화학, 미생물학 등등) 같은 경우는 나중에 다른 과목에서 중복되는 부분이 있어서 놓치더라도 나중에 따라갈 수 있지만, 해부학은 다른 과목에서 중복되는 경우가 적기 때문에 나중에 따라가려면 배의 노력이 필요해. 따라서 너희들이 나중에 수의대에 들어와서 해부학을 배우게 된다면 힘들더라도 포기하지 않고 열심히 공부하길 바라!

허재벽 : 나는 수의대 본과에 올라온 이후로 쉬웠던 공부가 없었던 것 같아. 모든 공부가 그렇겠지만 최소한의 학점만 챙길 수 있는 수준으로 공부를 한다면 공부가 그렇게 어렵지 않게 느껴질 수도 있어. 하지만 학교 과목들을 공부해서 새로운 지식을 얻고 미래에 수의사 일을 할 때 응용 할 수 있을 정도의 공부를 하려면 과목별로 끝이 없을 정도야.

나는 부끄럽지만, 공부를 그렇게 열심히 하던 학생은 아니었어. 성적도 딱 적당히 중간 정도를 유지할 수 있을 정도였어. 그런데 이런 부분들이 학년이 올라가면서 후회되고 힘들더라고.

당장 본과 1학년 때 배우게 되는 해부학, 생리학, 조직학 등도 매우 어렵지만, 학년이 올라가서 이전에 배운 과목들을 제대로 해놓지 않게 되니까 응용을 해야 하는 과목들은 두 배, 세배로 어려웠어. 예를 들어서 나는 본1 때 해부학을 열심히 하지 않아서, 본과 3학년 때 영상학 시간에 병변 부위를 서술하는 것이 매우 어려웠어.

결론적으로 나는 본과에 들어와서 배운 모든 과목이 어려웠지만, 이건 내가 저학년 때 기초를 충분히 하지 않아서라고 생각해. 저학년 때 충분히 공부했다면 나처럼 모든 과목이 어렵게 느껴지진 않을 꺼야!

김요환 : 나는 약리학이 가장 어려웠어. 나는 이해를 기반 공부를 많이 하는 편인데, 약리학은 이해도 중요하지만 '암기'가 중요하게 영향을 미치는 것 같아. 대학 공부가 어려운 게 뭐냐면 고등학교 때는 아주 자세하게 배우진 않고 난이도 조절을 하며 적절한 수준으로 어디까지만 가르치자 이런 교육 정책이 있는데 대학 공부는 해당 학문의 최전선을 연구하는 교수님들이 강의를 하시다 보니 그 정도라는게 명확하지 않다는 거야. 그래서 하나를 가르칠 때 깊이의 정해진 정도가 없어. 약리학에서는 다양한 약물 이름이 나오는데, 각 약물에 대한 약력학, 약동학, 처방 방법, 부작용 또한 알아야 하기 때문에 외울 것이 정말 많은데 어디까지 공부를 해야 하는지에 대한 정도가 없어서 이걸 정말 다 공부하는 게 맞나? 싶을 정도로 공부한다면 할게 많아져.

지금은 국가고시 준비 때문에 다시 약리학 공부를 하고 있는데, 카테고리별로 약물을 정리하고, 기전을 파악하면서 공부하니 그래도 이전보다는 공부하기가 수월해진 것 같아.

박나단 : 나에게 있어서 제일 어려웠던 과목은 '면역학' 이었어. 혹시 너희들 생물 시간에 배웠던 선천면역, 후천면역 기억 나니? 면역학은 이에 대해 훨씬 더 자세하게 배우는 과목이야. 처음에는 '고등학교 때 했던 거랑 비슷하겠지' 하고 봤었어. 하지만 공부하면 할수록 이름은 똑같은데 숫자만 다른 면역 인자들이 많이 나오고, 또 각각의 기능들이 다르니까 이를 외우는 데 애를 많이 먹었어. 예를 들어, 몸 안에 있는 세포에서 분비하는 물질 중에서 IL(interleukin)이 있는데 이들의 종류는 IL-1, 2, 3, 4~40까지 총 40 가지가 있어. 이들은 숫자로만 구분하는데 기능이 다 달랐기 때문에 너무 헷갈렸어.

하지만 어려웠던 만큼 재밌는 점도 있었어. 내가 지금까지 생물을 공부하면서 당연하게 배웠던 것들이 사실 이렇게 다 세세한 이유가 있다는 것을 깨닫게 되었을 때는 너무 신기하더라고.

면역학은 개인적으로 공부하는 과정은 너무 힘들었지만 가장 뿌듯했던 과목이었어. 혹시 나중에 면역학을 공부하게 된다면 어렵다고 포기하지 말고 끝까지 공부했으면 좋겠어!

이종성 : 나도 '해부학' 이 가장 어려웠어. 워낙 시험이 어렵고 공부가 어렵다고 소문난 과목이어서 각오를 하고 수업을 들었음에도 불구하고 생각 이상으로 어렵더라고. 해부학을 공부하기 전에는 뼈, 장기, 근육 정도의 위치만 외우고 용어만 외우면 되는 과목인 줄 알았는데 그게 전부가 아니었어. 서로 복합적으로 연결되어 있는 관계가 있는데 그 점을 이해하는 것이 특

히 힘들었어. 처음에 뼈를 공부할 때부터 제대로 이해하지 못하니까 그 이후에 배우는 근육, 신경, 혈관 공부는 엄두도 내지 못했어.

그래서 가장 어려웠던 과목도 '해부학'이었고 가장 후회되는 과목도 '해부학'이야. 나는 도중에 반포기 상태로 수업을 들었는데, 점점 '해부학'이라는 과목을 더 멀리하게 되더라구. '해부학'은 임상 과목의 기초가 되는 과목이라 중요하다는 것을 알면서도 눈앞에 있는 다른 과목 시험 때문에 해부학 공부를 소홀히 했어. '방학 때 공부하면 되겠지'라는 마음으로 위안 삼으면서 다른 과목을 공부했는데 막상 방학이 되니까 해부학 책이 눈에 들어오지 않더라구.

나는 그러지 못했지만, 너희들이 수의대에 들어오게 된다면 해부를 포기하지 않고 끝까지 공부해 봤으면 좋겠어. 주변에서 해부학을 열심히 공부한 동기들은 종강 때 뿌듯해하고 남는 게 많았다고 했는데, 나는 그 말을 들었을 때 진짜 후회됐던 거 같아. 꼭 너희들은 나처럼 후회하지 않고 열심히 공부해 봤으면 좋겠어!

5. 수의학과 교내 실습

이다예: 수의학과에 들어오면 많은 실습들을 해. 주로 본과 1학년/2학년 때는 비임상 실습을, 본과 3학년/ 4학년 때는 임상 실습을 많이 하지. 내가 대표적인 실습 몇 가지들 대해서 설명해 줄게

< 비임상 실습 >

해부학의 경우 해부학 이론 수업에는 동물의 몸을 머리,앞다리,뒷다리 등등으로 구분해서 각 부위의 뼈, 신경, 근육 등에 대해 배우게 돼. 그리고 이를 바탕으로 실습시간에 해부를 해보면서 해당 부위의 구조, 질감, 위치, 접합 상황 등을 확인하게되는데, 실제로 해부를 해보면 장기, 조직들의 위치와 관계가 책에서 보는 것과는 조금씩 달라서 실습을 통한 이해가 특히 중요한 과목이야.

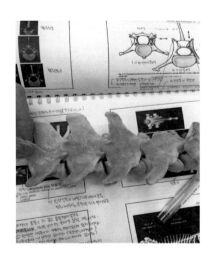

실험동물의 경우 마우스의 부검 실습을 했었는데, 이를 통해 마우스의 마취법, 보정법, 채혈법, 안락사 법, 부검법까지 자세하게 배울 수 있었어. 실습을 통해 마우스의 해부학적 구조에 대한 공부는 물론 실제로 어떻게 부검이 이루어지는지 일련의 과정들을 직접 해볼 수 있어서 의미 있었던 실습이었어.

생화학의 경우 마우스를 통해 포도당이 체내에 미치는 대사작용에 대해서 알아보는 실험을 진행하였고, 이와 관련한 논문을 요약정리하여 발표했었어. 수업 때 배운 내용을 실제 실험에 적용해 봄으로써 해당 주제에 대한 깊은 이해를 할 수 있었던 실습이었어.

미생물의 경우 인공 배지로 영양 조건을 맞춰서 세균을 배양해 보고 현미경을 통해 세균을 관찰해 보는 실습을 했었어. 또한 ELISA[1], RT-PCR[2]을

---

1) **ELISA:** 항원항체반응을 이용한 항원(抗原) 또는 항체량측정 방법을 일반적으로 효소면역분석법

2) **RT-PCR:** "증폭"이라 불리는 과정을 통해 많은 수의 DNA 서열을 만들기 위해 분자생물학에서 일반적으로 사용하는 실험기법 [네이버 지식 백과 참고]

이용해 바이러스를 검출하는 실습도 했었는데, 이러한 미생물의 검출은 유행병의 원인을 규명하는데 중요하기 때문에 꼭 필요하고 잘 배워야 하는 실습이야.

 조직학의 경우 동물의 여러 신체 조직의 슬라이드 표본을 현미경으로 관찰하고 정상 상태의 조직의 양상을 확인하는 실습을 했어. 수의사가 되어서 많이 쓰는 진단법 중에서 현미경 관찰이 있는데 이 때 정상 상태를 모른다면 당연히 제대로 된 진단을 내릴 수 없겠지? 그렇기 때문에 정상 상태를 관찰하는 조직학은 매우 중요해.

 반면에 **병리학**의 경우에는 조직학 실습 때 본 조직 슬라이드가 병에 걸리거나 다쳤을 경우 어떤 식으로 변화하는지 병변의 슬라이드를 관찰해. 조직학 때 열심히 실습했다면 병리학에서 틀린 그림 찾기 같은 느낌으로 실습을 진행할 수 있어.

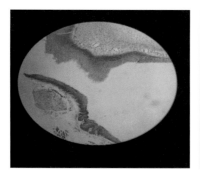
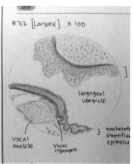

　수생 동물학의 경우 과목 이름에서 알 수 있지만 말 그대로 수생동물 전반에 관련된 내용을 배우고 그에 관련된 실습을 하므로 범위가 무척이나 넓은 실습이고, 생각보다 다양한 실습을 해.

　대표적인 실습으로는 수생동물 해부, 수생동물 마취와 진단검사, water quality의 측정 및 평가, 약물 투여 등이 있어. 수의대에서 수생동물을 다룰 일이 많지 않기 때문에 수생동물에 관심이 있다면 중요한 실습이 될 수 있어.

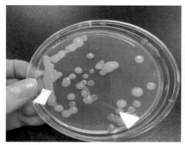
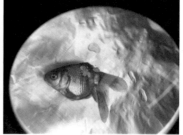

< 임상 실습 >

본과 3학년때는 임상과목을 배우기 때문에 이와 관련된 실습들을 하게 돼.

우리학교는 영상, 내과, 외과, 산과 실습을 했는데 각각에 대해서 조금 더 자세히 이야기 해주자면

내과의 경우 기본적인 신체검사 방법과 요검사, 분변검사, 피부검사, 조제, 투약, 주사, 채혈방법 등에 대해서 배웠어. 실습 내용들은 모두 수의사라면 필수적으로 할 수 있어야 하는 것들로, 본과 4학년 로테이션 시 할 수 있어야 하기 때문에 실습시간 때 잘 배워둬야 해.

외과의 경우 기본적인 수술복 입는법, scrubbing 방법, 봉합법, 수술기구 준비에 대한 실습을 하였어. 또한 외과는 일반외과(gs)와 정형외과(os)로 나누어지는데, gs의 경우에는 중성화 수술, os의 경우에는 다음과 같은 모형 뼈를 이용한 실습을 추가적으로 하였어.

 정형실습은 내가 본과 3학년 때 한 실습 중 손에 꼽을 정도로 재미있고, 기억에 남는 실습이야.

그림1[3]   그림2[4]   그림3[5]

영상의 경우 엑스레이, 초음파, MRI, CT로 파트를 나눠서 실습 하였어. 엑스레이와 초음파의 경우에는 직접 찍거나, probe를 잡아볼 수 있었지만,

---

3) 그림1: tenstion bend wire
4) 그림2: femur의 long oblique fracture reduction 완성모습
5) 그림3: suture 연습

MRI, CT는 워낙 고가이기도 하고 조작 방법이 어려워서 대학원 선생님들께서 해주시는 설명과 시범을 보는 수준으로까지만 실습을 했었어.

산과의 경우 단위생식(parthenogenesis)법을 이용하여 돼지 미성숙 난자로부터 배반포(blastocyst)를 생산하고 배아 발달을 관찰하는 실습을 했어. 배반포까지 발달된 embryo의 비율을 계산하고 그 이유를 고찰하는 과정이 재미있었어.

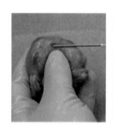

2 cell	4 cell	8 cell	morula	early blastocyst	Blastocyst

cultured	day	No. of embryos					
		Cleaved				developed to Bl.	
		2cell	4cell	8cell	morula	early blastocyst	blastocyst
132	1	22	11	0	0	0	0
	2	10	27	6	0	0	0
	3	4	14	12	4	5	0
	4	3	12	12	5	9	0
	5	0	7	0	8	5	6
	6	0	4	0	11	4	8

본과 4학년에 들어서면 '**로테이션**' 과정을 밟게 돼.

세부적인 방식은 각 학교마다 다르지만, 우리학교의 경우, 1학기 때는 임상과목들을 2주씩 실습 하고, 2학기 때는 '임상심화실습'이라고 해서 한 분야만을 선택해 그 과목만 실습 했어.

즉 1학기 때는 여러 과목들을 실습해보면서 내게 맞는 과목들을 찾고, 2학기 때는 내게 맞는 과목을 선택해 심화학습을 하는거지.

나는 계속 '내과'라는 분야에 관심이 많았었기 때문에 로테이션 여부에 상관없이 '앞으로 내 전공은 내과야!' 하고 생각했었는데, 막상 로테이션 실습을 하면서 그 생각이 살짝 흔들리기도 했었어. 특히 나는 '외과'는 전혀 내

길이 아니라고 생각했었는데, 본과 4학년 로테이션 실습을 하면서 느낀 즐거움으로 인해 잠시 전공을 외과로 바꿀까 고민도 했었지.

수업만 들었을 때와는 다르게 실제 진료과정에 참여하다보니, 피부로 직접 느끼는 경험은 또 다르더라고.

나는 결국 '내과'의 길을 선택했지만, 본4 로테이션 과정은 본인의 앞으로의 전공을 선택하는데에 있어서 매우 중요한 시기인 것 같아.

6. 수의학과 실습 중 동물로 인해 상해를 입는 경우가 많나요?

이종성 : 수의대에서는 마우스, 랫드 등의 실험동물을 이용한 실습들이 많아. 다른 동물에서도 마찬가지겠지만 실험동물에서도 올바른 보정법을 이용하지 않으면 물리는 경우가 많아.

나도 처음에 마우스를 잡을 때는 물릴 것 같은 두려움 때문에 머뭇거리다보니까 제대로 보정도 못했어. 근데 경험이 정말 중요한 게 계속 시도하다 보니까 두려움도 없어지고 나만의 노하우가 생겨서 익숙해지더라고.

처음에는 두려울 수도 있지만, 올바른 보정법을 사용한다면 다칠 리는 없으니까 걱정하지 않아도 될 거야

박나단 : 동물병원 실습의 경우 실험견을 이용한 실습도 있지만, 실제 내원하는 환자견을 보정하는 역할을 맡기도 해.

우리도 병원에 가기 전에 몸도 아프고 괜히 긴장되는 것처럼 동물들도 겁을 먹어서 사납게 반응하는 친구들이 종종 있어. 그래서 가끔 보정을 하다 물리는 경우가 있기도 해. 하지만 수의사 선생님의 인솔하에 실습을 하기 때문에 다치는 경우는 거의 없어.

만에 하나 다루기 힘든 환자견이 내원할 경우, 실습생들의 보호를 위해 입마개나 넥카라를 꼭 착용시키거나 수의사 선생님들이 직접 보정하시기 때문에 걱정하지 않아도 될 거야.

허재벽 : 나는 이런 경험을 야생동물센터에서 정말 많이 했어.

야생동물센터에서는 사납고 예민한 야생동물을 다루기 때문에 상해를 입는 경우가 많아. 기본적으로 아픈 동물들이라서 자기방어를 위한 태도가 더욱더 강하게 드러나기 때문이야. 그래서 다루는 사람들이 다치는 경우도 많고, 위험한 상황도 꽤 많이 봤어.

상해의 가능성 때문에 야생동물을 다룰 때 조심도 많이 하고 여러 안전장비를 사용하지만, 야생동물 쪽에서 일을 하고 싶다면 다칠 수 있다는 부분에 대해서는 인지하고 있어야 할 것 같아.

김요환 : 상해라고 한다면 대 동물 실습이 가장 위험하다고 볼 수 있어. 아

무래도 우리보다 10배 이상 무거운 동물을 다루다 보니 위험할 수밖에 없지. 그래서 다양한 보정법과 보호 기구가 있어. 특히 소의 뿔과 뒷다리가 위험한데 뒷다리로 차지 못하도록 안티 키킹이나 소가 들어가는 보정틀을 사용하거나 머리를 움직이지 못하도록 스탄치온이나 매듭을 활용해.

7. 대학교 가서도 학교 성적(학점)이 중요한가요?

박나단 : 수의대는 예과 2년, 본과 4년 합해서 총 6년을 다니는데 두 가지 과정의 특징이 너무 다르기 때문에 나눠서 설명할게.

첫 번째, 예과 2년은 본과를 위한 준비 기간이야. 2년 동안의 학점은 장학금이나 기숙사 입주를 위해서는 필요하지만, 본과에 들어가면 학번이 새로 나오면서 예과 성적이 사라지게 돼. 그래서 실제로 수의대에 들어오면 '예과 때는 공부하지 말고 놀아라'라고 귀에 딱지가 들어앉도록 선배들한테 많이 듣게 될 거야. 하지만 난 이 말을 조금 다르게 '예과 때는 공부하지 말고 다양한것들을 해봐라'. 라고 하고 싶어. 왜냐하면 예과의 가장 큰 장점은 고등학교 때 하고 싶었지만, 공부 때문에 못 했던 것들을 공부에 영향받지 않고 할 수 있는 것이라고 생각하기 때문이야.

두 번째, 본과 4년은 수의사가 되기 위한 본격적인 준비 기간이야. 본과의 학점은 다른 과랑 큰 차이점이 하나 있어. 다른 과랑 달리 본과 때는 어려운 전공 수업만 듣기 때문에 점수를 얻기가 비교적 힘들어.

만약 진로가 임상 쪽이라면 대학원 진학 혹은 동물 병원 취업시에 학점이 주요한 평가 지표가 아닌 경우가 많아. 오히려 그곳에서의 실습 여부가 더 중요할 때가 많지. 하지만 나는 공부와 학점은 구분해야 한다고 생각해. 즉, 높은 학점은 중요하지 않을 수 있지만, 관심 있는 분야, 미래에 꼭 필요한 분야에 관한 공부는 열심히 해야 한다는 뜻이야. 앞에 월급 부분에서 말했듯이 이제 수의사에게 실력은 매우 중요한 요소가 되었고 그 실력은 공부에서 온다고 생각하거든.

하지만 진로를 비임상으로 확실히 정했거나 고민 중이라면 학점과 공부 모두 중요하다고 생각해. 왜냐하면 비임상에서 연구 분야로 가려면 대학원을 가야 하기 때문이야. 이곳은 순수하게 공부와 연구를 하는 곳이기 때문에 학점이 좋지 않으면 대학원 진학 여부에 걸림돌이 될 수도 있어. 더 나아가 혹시 외국 대학원에 진학하고 싶은 마음이 조금이라도 있다면 학점을 무조건 잘 받아야 해. 왜냐하면 학점이 일정 수준 이하가 되면 지원을 못 하게 될 뿐만 아니라 합격 커트라인도 높기 때문이야.

 결론적으로, 예과는 공부하지 말고 다양한 것들을 경험하기에 좋은 시간이고, 본과는 좋아하는 분야에 대한 공부는 해야 하는 시간이라고 생각해.

이다예 : 혹자는 성적이 중요하지 않다고 할 수 있어. 그러나 내 개인적으로는 동일한 상황이라면 조금 더 노력해서 좋은 학점을 받는 것이 좋다고 생각해. 물론 좋은 학점을 받기 위해서 전전긍긍하는 것 또한 좋지 않지만, 학점을 잘 받았을 때의 좋은 점이 생각보다 많아.

학점을 잘 받으면 첫 번째로 장학금을 받을 수 있어. 전액 장학금을 받는 경우 한 학기 동안 알바를 통해 번 돈보다 훨씬 많은 돈을 받을 수가 있는데,

나는 받았던 장학금을 이용해서 방학 때 여행을 갔어. 알바의 목적이 다양한 경험을 하고 다양한 사람들을 만나는 것이라면 알바를 적극 추천하지만, 단순히 돈이 목적이라면 나는 차라리 공부하는 것에 조금 더 투자해서 장학금을 받으라고 말하고 싶어.

두 번째로, 활동 기회의 폭이 넓어져. 수의대에 들어오면 학교 내 활동 이외에 다양한 활동에 참여할 수 있는데, 보통 이런 활동들은 서류심사와 면접 과정을 거쳐서 선발돼. 여기 서류심사에서는 기본적으로 성적증명서가 포함되기 때문에 학점을 잘 받을수록 본인이 원하는 활동에 참여할 수 있는 기회가 많겠지?

세 번째로, 학점을 잘 받는다는 것은 학과과정을 잘 따라온다는 뜻이므로 장학금이나 다른 이유를 제외하더라도 개인적인 학업 능력이 올라간다는 장점이 있어. 나는 수의대 6년 과정이 벽돌을 쌓아서 성을 만드는 것과 비슷하다고 생각해. 따라서 기초과정 하나라도 소홀히 하면 나중에 임상 과목에 들어갔을 때 뒤처질 수도 있거든. 실제 내 주변 친구들을 보면 본1.2 때 열심히 공부했던 친구들은 임상 과목도 잘하더라고.

이 외에도 졸업 후에 취업할 때에도 성적이 영향을 미치는 등 많은 장점이 있기 때문에 기왕이면 학점을 잘 받아두는 것이 좋겠지?

8. 수의대에서 학점 따기 많이 힘들었나요?

이다예 : 예과 때는 학점을 따기 정말 쉬워. 일반 교양과목을 듣기도 하고, 동기들도 공부에 크게 힘을 쏟지 않아서인지 조금만 공부해도 성적이 잘 나오더라고. 그런데 본과에 들어와서는 모든 과목이 동기들 내에서 점수를 내게 되어 상대적으로 좋은 학점을 받으려면 많은 노력을 해야 해. 모집단 이 적어지는 영향도 있지만. 동기들 자체도 예과 때보다는 공부에 대한 열 의가 커지는 영향도 있어.

물론 본과가 예과보다 학점을 따기 힘든 건 사실이지만, 본인이 열심히 한 다면 예과 때 못지않은 좋은 학점을 충분히 받을 수 있어. 대학교 공부는 정말 본인이 노력한 만큼 나오는 것 같아.

이종성 : 수의대 내에서 학점이라는 것은 결국 동기들 내에서 이루어지는 상대평가야. 어떤 동기들과 수업을 듣느냐에 따라 차이가 있겠지만 내 생각에 학점은 결국 열심히 하는 정도에 따라 나오는 것 같아. 공부하는 방식이 사람마다 다르다 보니까 성과가 다를 수 있지만 나는 수의대 공부라는 것이 공부하는 방식에 엄청 영향을 받을 정도의 시험인지는 모르겠어.

물론 고등학교 때 배웠던 과목에 비해 훨씬 더 심화되고 이해하기 어려운 과목도 많지만, 교수님이 잘 설명해 주시기 때문에 열심히 수업을 듣는다면 큰 어려움은 없을 거라고 생각해. 이제 열심히 수업을 들었다면 시험을 보기 전 남은 몫은 방대한 양을 외우는 거야. 외우는 속도는 사람마다 많이 다르긴 하지만 자신이 외우는 속도가 느리다면 시간을 더 투자하면 되는 거니까 결국 노력의 정도에 맞게 학점이 나오는 것 같아.

허재벽 : 학점은 하기 나름+ 머리 좋음인 것 같아.

하기 나름이라고 말한 이유는 솔직히 모든 공부가 똑같지만, 열심히 하고 노력하면 보답이 돌아오는 것은 맞아. 나도 원하는 만큼은 아니지만, 확실히 공부를 한 과목, 학기의 성적이 그렇지 못한 과목에 비해서 훨씬 좋은 경우가 많았어. 다만 좋은 성적을 받을 만큼 노력을 꾸준히 하고 유지하는 것이 힘든 부분이지.

그리고 앞에 말과 완전히 반대되지만, 머리 좋은 것도 영향이 크더라. 똑같이 공부하고 시간을 쏟아도 머리가 좋고 효율이 높은 친구는 성적이 훨씬 좋게 나오고 암기한 내용을 오래 기억해. 수의대 공부 특성상 질병이나 병원체 등을 암기하고 암기한 내용을 이용해서 문제를 푸는 경우가 많은데,

암기라는 것이 결국 머리 좋은 사람들에게 너무 유리할 수밖에 없더라고. 물론 노력을 하면 그런 친구들보다 성적을 잘 받을 수도 있지만, 비슷한 노력을 했을 때는 머리 좋은 친구를 이길 수가 없었어.

나는 학점은 자기가 정한 기준만 넘기면 된다고 생각해. 각자 자기가 만족할 수 있는 학점이 다르고 그것에 만족하기 위해서 노력하면 너무 과한 스트레스를 받지 않고 적당한 만족감을 느끼면서 학교생활을 할 수 있다고 생각해.

9. 졸업을 하면 바로 수의사로서 일을 할 수 있을 만큼의 지식이 쌓이나요?

이종성 : 졸업하고 바로 실력 있는 수의사가 되면 좋겠지만 현실적으로 졸업 후 진료를 바로 볼 수 있는 수의사가 되는 건 불가능해.

수의대에서 6년 동안 공부했으면서 어떻게 그럴 수 있는지 의아해하는 친구들이 많을 거야. 하지만 앞서 설명한 수의대 커리큘럼을 보면 알 수 있듯이 수의대생들은 임상 과목만 배우는 게 아니야. 예과 2학년은 본과 과목을 배우기 위한 준비 단계이고 본과 2년 동안은 주로 연구 쪽 학문을 공부하게 되지. 사실상 임상 과목을 온전히 공부하는 학년은 본과 3, 4학년이 유일하기 때문에 바로 치료를 진행할 수 있는 수의사가 되는 것은 힘들어.

그래서 졸업 후에 대학원에 가서 심화된 공부를 하거나 혹은 로컬 동물병원에서 인턴 과정을 통해 공부를 하게 돼. 이 과정을 통해 경험과 실력이 쌓이면서 동물들을 치료할 수 있는 수의사가 되는 거야!

이다예: 학교에서 배우는 것과 실제 수의사로 일하는 것의 차이점에 대해 이야기 해주자면,

학교 수업에서는 특정 질병에 대한 발생원인, 기전, 진단법, 치료법에 대해서 배우지만, 실제 수의사로 일하게 되면 질병명을 모르는 채로 환자는 주호소증상과 여러가지 진단기법을 이용해 문제의 원인을 찾아가야해.

무슨 말인지 잘 이해가 안되지? 쉽게 예를 들자면, 학교에서는 '심장사상충 (heartworm disease)'이라는 질병을 알고 있는 상태에서 이에 대한 원인, 증상, 진단법, 치료법에 대해서 배운다면,

실제로는 운동불내성, 호흡곤란 등의 '증상'을 호소하면서 내원하는 환자를 대상으로 신체검사(심잡음), 심장사상충 항원 검사, 미세사상충/유충 검사 (Microfilaria), 영상검사 (방사선, 심초음파)등의 '진단기법'을 통해 '심장사상충'이라는 최종진단(definitive diagnosis)에 이르게 돼.

수의대생

Heartworm dz

- 발생기전
- 증상
- 진단법
- 치료법
- 예방법

수의사

환자 내원
(cc: 기침, 운동불내성)

- 신체검사 (비정상적 폐음, 심잡음)
- 항원검사 (antigen test)
- 미세사상충/유충검사 (microfilaria test)
- 영상검사 (radiography/echocardiography)

Heartworm dz

이 과정을 본과 4학년 때 로테이션을 돌면서 연습하기는 하지만 진단 과정이 어렵기 때문에 실제 수의사로서 환자를 치료할 수 있을 때까지 상당한 시간이 걸리지.

부록

부록 1: 수의대 외부 실습

<임상 >

- **소동물- 로컬 동물 병원**

일반 로컬 동물 병원 실습은 수의학과 학생들이 가장 많이 하는 실습 중 하나야. 주로 보정이나, 진료참관 등 보조적인 일들을 하게 되지만, 동물 병원이 어떻게 운영되고 소동물 수의사가 실제로 어떤 일을 하는 건지 직접 볼 수 있었다는 점에서 수의학과 학생들에게 도움이 되는 실습이라고 생각해.

실습 신청하는 방법은 직접 전화나 메일을 통해 실습 문의를 해볼 수도 있고, 해당 병원에서 실습생 모집 공고를 올리는 경우도 있어.

- **산업 동물- 농장**

산업 동물 실습의 경우 보통 산업 동물 수의사님께 개인적으로 연락을 드리거나, 기업을 통해 실습을 할 수 있어. '다비 육종'이라는 회사는 양돈 산업을 하는 기업인데 수의대생에게 돼지 농장 실습 기회를 제공해 주고 있어. 실습 프로그램은 돼지 농장에서 3일간 현장 실습을 진행한 후 2일 동안은 이론 교육을 받는 일정으로 구성되어 있지. 돼지 농장은 임신사, 교배사, 분만사, 자동사, 육성사로 이루어져 있는데 현장 실습 동안 모든 돈사를 체험할 수 있고 직접 처치를 할 수 있는 기회를 주시기 때문에 많은 도움을 받을 수 있어.

- **농장동물교육 - 서울대학교 평창캠퍼스**

농장동물교육은 수의과대학 학생에 대한 농장동물 임상교육 기회를 제공하고, 졸업 후 수의사의 농장동물 분야 진출 확대를 도모하고자 만들어진 교육과정이야.

실습은 서울대학교 평창 캠퍼스에서 이루어지는데, 학교별로 진행되는 기본 교육(4박 5일)과, 개별적으로 신청해서 참가할 수 있는 심화교육(11박 12일)이 있어.

기본 교육과정에서는 보정, 채혈, 직장검사 등 대동물임상에서 기본적으로 필요한 스킬들에 대해서 배울 수 있어.

심화 교육과정에서는 기본 교육과정에서 배운 내용을 바탕으로, 소, 돼지, 말, 닭 등 주요 산업 동물을 다루기 위한 진단검사와 보정, 채혈, 주사, 실험실 검사 등을 포함한 임상실습이 이루어져.

나는 심화 교육과정을 참여해봤는데, 내가 했던 실습 중 최고였다고 말할 수 있을 정도로 정말 좋은 실습이었어. 평소에는 대동물을 접하기 쉽지 않은데, 평창농장동물교육 덕분에 그동안 책으로만 접했었던 산업동물들을 눈으로, 피부로 느낄 수 있어서 뜻깊은 시간이었어.

	오전(08:30~12:30)				오후(13:30~17:30)				야간 (19:00~20:00)
	1	2	3	4	5	6	7	8	
7/5 월	개별 출발 및 평창 도착			연수원 입소식 및 오리엔테이션	매듭 및 보정 / 소의 신체검사1	매듭법	소의 보정(머리보정, 꼬리보정) / 신체검사1(망진, 시진, 청진, 촉진)		소의 분만 참여
7/6 화	소의 번식 관리	직장검사 (자궁 및 난소 확인)			신체검사2 (소화기)	신체검사2 (채뇨 및 소화기계 평가/BCS 및 채뇨)			현장 혈액검사 및 카테터 장착
7/7 수	주사 및 채혈	주사 및 채혈/소의 진정, 다리보정 및 각성			가금 임상	가금 임상 실습 (행동관찰, 보정, 채혈, 주사, 부검)			가금 임상 현장
7/8 목	임상 실무	가금류 현장 임상 기술			우유검사 및 유방염	착유 및 유방염 검사			소의 진정 및 마취
7/9 금	기본수술1	탐색적 개복술 및 카테터 장착(성우)			인공수정 및 수정란이식	인공수정 및 수정란이식/OPU(시범 위주)			발표 준비
7/10 토	조별 발표(송아지 설사 케이스)			송아지 설사	자유시간(~7/12)				
7/12 월	영상 진단 (X-ray, 초음파)		골절 진단 및 처치		발굽 관리	발굽 관리 및 질환별 처치			축우 임상 현장
7/13 화	기본수술2	거세수술 및 카테터 장착(송아지)			돼지 임상	돼지 보정, 채혈 및 주사, 부검			돼지 임상 현장
7/14 수	양돈 산업 현황	양돈 생산 및 경영 분석			소의 분만				연장 학습
7/15 목	말 관리 실무	말 관리 실무 (말 관리, 보정, 신체검사)			말 임상 실무	말 임상 실무 (주사, 채혈, 내시경 검사)			
7/16 금	소의 임상 부검				종합토론 실습평가, 퇴소식	평창 출발 및 개별 귀가			

- **특수동물 - 동물원, 야생동물**

동물원 실습의 경우 주로 교수님을 통해서 실습을 하러 가는 경우가 많아. 동물원에서 공식적으로 실습을 모집하는 경우가 많지 않고 있어도 수의사 실습보다는 사육사 실습으로 모집하는 경우가 많았어. 동물원 실습은 다양한 동물을 가까이에서 볼 수 있다는 부분이 가장 큰 장점인 것 같아. 다만 동물원의 동물들이 위험하고 다루기 어렵다 보니 짧은 실습 기간에 직접적으로 무언가를 해볼 기회는 적어.

야생동물 실습은 직접 경험할 기회가 많은 실습이라고 생각해. 일반적인 소동물 병원에 비해 위급한 동물들이 들어오는 경우가 많고, 주인이 없는 야생동물 특성상 수의사 선생님의 지시하에 실습을 진행할 수 있어. 또한 동물들을 가까이서 돌보고 관찰하기 때문에 더 많은 것을 배운다는 느낌을 받을 수 있어.

- **고래연구소**

고래연구소는 1년에 한 번 부검 실습을 진행하는데 개인적으로 해봤던 실습 중에서 가장 힘들었지만, 그만큼 가장 배우는 게 많았던 실습이야. 우선 실습에 가면 첫날에 이론적인 교육을 받고 그다음 날 실습 교육을 받아. 그리고 그 후로는 역할을 계속 바꿔가면서 하루에 한 조당 한 마리씩 고래, 바다거북 등을 부검해. 아무래도 부검 실습이다 보니 임상 실습과는 조금 거리가 먼 실습이라고 생각해. 하지만 해부학, 병리학 실습을 정말 가까이서 자세히 배울 수 있는 실습이고 죽은 동물이지만 고래를 살면서 처음으로 가까이서 볼 수 있는 기회라서 매우 신기했어. 대신에 앞에서 말한 것 처럼 실습자체가 매우 힘들고, 사체를 여름에 부검하기 때문에 온몸에 땀이 범

벽이 되는 것은 기본이고 냄새가 좀 견디기 힘들 수 있어. 하지만 본인이 비위가 좋고 야생동물에 관심이 있다면 추천하고 싶은 실습이야.

- **야생동물 질병전문인력 양성 심화교육**

환경부에서는 매년 야생동물과 관련된 교육을 진행해. 이는 수의대생들을 위한 교육이라기보다는, 실제로 현장에서 일하시는 관계자분들을 위한 것이라서, 수의대생의 입장에서는 좀 어려운 내용을 위주로 교육을 할 수도 있어.

2년 주기로 초심자 교육과 전문가 교육으로 나뉘어서 진행을 하게 되는데, 초심자 교육은 말 그대로 초심자들을 대상으로 진행하는 교육들이기 때문에 야생동물의 해부학이나, 구조관리, 간단한 생태 등에 관해서 배우는 기회를 가질 수 있어.

반면에 전문가용 교육은 부검이나 직접적으로 진료나 재활을 하시는 분들에게 유용한 정보들을 교육하는 시간이야. 특히나 실습도 초심자 교육보다 난이도가 있고 사전 지식이 필요한 것들이라서 초심자 교육을 듣고, 어느 정도 학년이 올라갔을 때 듣는 것을 추천해.

< 발을 다친 새의 붕대법 실습 >

- 제주대 말 임상 실습

 제주대에서는 매년 여름방학 때 계절학기 수업으로 '말 임상 실습' 과목을 열어. 수의대생이라면 누구든지 신청 가능하고, 학기중에 수강신청하는 것처럼 제주대학교에서 임시학번을 발급받아서 신청하면 돼.

말에 대해서 자세히 배울 수 있다는 점도 좋았지만, 타대학 친구들을 만날 수 있었다는 점, 주말을 이용해서 제주도 여행을 할 수 있다는 점도 이 실습의 장점 중 하나야. 말에 관심이 있었는데 그동안 접하기 어려웠거나, 말에 대해 한번 알아보고싶다! 하는 친구들은 이 실습을 추천해.

- 전북대학교 가금류질병방제연구센터

전북대학교 가금류질병방제연구센터에서는 가금산업현장 적응력을 강화시키고, 실무능력을 겸비한 인력양성을 위해 현장 실습을 방학마다 수의학과 학생에게 제공해.

연구센터의 업무를 참여할 수 있고, 가금 산업체나 농가 현장 견학을 하며 조류 수의사가 하는 일을 볼 수 있어. 우리나라에 가금류 수의사가 몇명 없는데 이를 직접 볼 수 있는 좋은 기회야. 뿐만 아니라 일령(주령)별 사양관리 및 백신 접종 방법과 혈청 검사 및 분자생물학적 검사 실습을 해볼 수 있어. 수의대에서는 개와 소,돼지 중심으로 교육을 하고 있어서 조류에 대해서는 깊게 배울 수 없는데 해당 프로그램을 통해 그 부족한 점을 채울 수 있고, 특히 실험실 수준이 아니라 임상까지 다루고 있기 때문에 조류수의사에 대해서 좀 더 알 수 있는 기회야.

•   국군의학연구소

대전 자운대에는 국군의학연구소가 있어. 이곳에서 수의사는 환경안전, 군견진료, 공중보건 이 세 분야에서 활동을 해. 그래서 식품수질검사, 전염병 예방, 군견 및 군마 진료를 하는 곳이야. 실습을 통해서 로컬에서 할 수 있는 신체검사, 수술 참관, 진료 보조 등등을 할 수 있지만 이곳에서는 셰퍼드, 리트리버 등 특정 견종 위주로 볼 수 있다는 특징이 있어. 그 외에 식품수질 검사 등을 참관할 수 있어. 다른 임상 수의사들과 큰 차이가 없다고 볼 수도 있지만 군인이라는 특수한 직업 분위기 등을 느껴볼 수 있어.

<비임상>

• **서울대학교 대학원 의과학과 학부연구생 인턴**

서울대학교 대학원 의과학과에서는 매년 하계, 동계 2번씩 학부 연구생 인턴을 모집하고 있어.

합격 시 약 2달 반 동안의 시간 동안 실제 대학원생과 비슷한 일과를 수행하게되고, 프로그램 마지막에는 보고서 작성 및 발표를 해야 해. 이 외에도 실험실에 따라서는 JOURNAL CLUB(논문 하나를 선정해 읽고 발표)이나 LAB MEETING(전 주의 실험 상황 보고)에도 참여하게되지.

• **KAIST 의과학 SURF 프로그램**

KAIST 의과학 SURF 프로그램은 인간 질병의 원인을 이해하고 치료법을 찾기 위해 KAIST 의과학 연구진과 학부생들이 함께하는 새로운 융합 프로그램이야. 카이스트 기숙사에 입사해서 생활하고 KAIST 의과학 SURF 프로그램은 의생명 과학 계열 대학원 진학을 모색하는 학부생에게 여름 방학 기간 동안 연구실 현장에서 직접적인 연구 경험의 기회를 제공하는 Research Fellowship 프로그램으로 혈관질환 연구실, 재생의학 연구실, 분자 면역 의학 연구실 등등 KAIST의 의과학과에 있는 연구실에서 실습을 해볼 수 있어. 자연대, 공대, 농대, 의대, 치대, 수의대, 약대, 한의 대 등 많은 학과에서 지원하는 프로그램으로 다양한 출신의 사람들과 함께 실습을 해볼 수 있다는 장점을 가지고 있어.

· **울산대학교**

울산대 의대/ 서울아산병원은 의료분야에 관심이 있는 대학생을 대상으로 신약개발 서머스쿨과 수의대 학생을 대상으로 하는 비교 독성병리 하계/동계 실습을 운영해. 특히 이 두 프로그램을 계획하신 손우찬 교수님께서는 수의대 출신으로 수의사들이 의학 분야에서 얼마나 중요한지를 인지하고 계시고, 그에 맞는 수의대 출신 의학 연구원들을 양성하는데 힘쓰고 계셔. 이 프로그램을 통해 의대에서 수의사가 어떤 일들을 하는지 한 달가량 보고 듣고 보조할 수 있어. 수의학이라는 분야에서 비임상 중 가장 큰 비중을 차지하는 분야가 병리와 면역이라고 생각해. 그중 병리에서 우리나라에서 몇 손가락 안에 드는 대학원 및 실험실 중 하나라 모두가 알만한 제약/바이오 회사와 같이 프로젝트를 진행하는 실험실이기도 하고 아산병원의 손우찬 교수님 그룹과 Johns Hopkins 간에는 특별한 교류를 하고 있는데, 손우찬 교수 연구실의 경력을 인정받고, 존스 홉킨스에 파견되어 1년간의 레지던트를 공식 과정으로 거치면 미국 수의 병리 전문의 (ACVP) 응시 자격을 가지게 돼서 병리에 관심이 있다면 추천해!

- **힐스코리아**

수의대생도 동물병원, 연구소 뿐만 아니라 사료회사에서도 실습 해볼 수 있어. 그 중 하나가 바로 세계적으로 유명한 사료 회사 중 하나인 힐스코리아의 인턴십이야. 이는 2주 동안만 진행되는 프로그램이기 때문에 다양한 부서를 맛보기 느낌으로 체험해볼 수 있어.

첫 번째는 학술팀이야. 이 팀은 회사 내부 영업팀, 고객, 수의대생, 수의사들에게 영양학적 지식을 전달하는 업무를 주로 맡고 있어. 이 곳에서는 영양학과 처방식에 대한 교육을 받고, 이를 바탕으로 발표하는 실습을 진행해. 두 번째는 영업팀이야. 이 팀은 다양한 동물 병원과 펫숍을 방문해서 영양학적 지식과 제품 정보를 전달함으로써 보호자나 수의사들과 소통을 하는 일을 주로 하고 있어. 이 곳에서는 다양한 동물 병원과 펫숍을 같이 방문하여 소통하는 것을 직접 볼 수 있어. 이외에도 규정 담당 부, 전자상거래부, 마케팅부 등등을 경험해 볼 수 있지.

이 인턴십은 다른 실습과 달리 회사에서 수의사가 어떤 일을 하는지 직접 보고 느낄 수 있는 좋은 기회가 될 거라고 생각해.

부록 2: 의료용 인공지능-김요환

의학, 수의학 분야에서도 인공지능의 도입이 하나씩 되어가고 있어. 인공지능은 크게 3가지로 나뉘는데 지도학습, 비지도 학습, 강화 학습이야. 지도학습은 데이터에서 정답을 알려주고 학습 시키는 방법이고, 비지도 학습은 데이터만 주고 정답은 알아서 찾아서 학습하라고 하는 방식, 그리고 강화 학습은 목표를 주고 그 목표를 달성하기 위해서 아무거나 해보면서 성능을 높여봐라라는 방식이야. 의학, 수의학 분야에서는 특히 지도학습과 비지도 학습 분야가 발달하는데, 진료나 진단을 위한 의사결정을 정하는 프로그램이라거나 혈액검사 등 수치 나오는 결과를 분석하는 데 사용할 수 있어. 그리고 비지도 학습으로는 x-ray나 MRI, CT, 내시경 등 이미지나 영상을 분석하는 데 사용할 수 있어.

나는 학교를 다니면서 의료용 인공지능을 개발하는 프로젝트에 참가하곤 했었는데 두 가지 정도만 이야기해 줄게.

첫 번째는 한국인공지능연구소에서 대장 내시경 영상분석 프로젝트에 참여했을 때인데, 이때는 나도 이제 막 인공지능을 공부하기 시작해서 프로젝트를 이끄시는 랩장님께 많이 배웠어. 인공지능이 어떤 물체를 인지하는 건 2가지 단계가 있는데 첫 번째 단계가 detection이고 두 번째 단계가 segmentation이야. detection은 해당 물체가 존재하는지를 파악하는 정도고 segmentation은 해당 물체의 범위를 파악하는 정도로 발전시키는 거야. 나는 대장 내시경 영상 하나에서 400개 정도 사진을 캡처해서 polyp에 대한 데이터 베이스를 만든 다음 이를 학습시켜서 대장 내시경 영상 촬영 도중에 polyp을 segmentation 하는 프로그램을 개발했어.

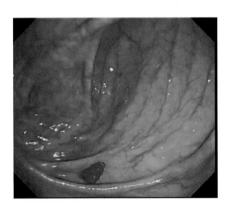

두 번째는 바이오벤처에서 일할 때인데 이때는 마침 코로나19가 터져서 코로나 진단키트 개발이 한창이었을 때였는데, 내가 일하던 곳에서는 digital PCR이라는 기술을 사용하려고 했어. digital pcr은 기존의 pcr 과는 다르게 on/off 방식의 결과가 나왔어. 50만 개의 구멍이 불이 켜져 있는지 꺼져있는지를 세는 프로그램을 개발했었는데 이때는 내가 프로젝트를 기획하고 개발했어. 처음엔 하나하나 세려고 했었는데 noise가 너무 많고 구멍

이 불이 켜질 때 일정한 모양으로 켜지지 않더라고. 그래서 색 분석을 하기로 했어. 전체 틀의 면적과 각각 구멍의 면적을 알고 있었고, 이 면적에 대한 계산을 한 다음 color 값을 추출한 다음 clustering이라는 걸 했어 clustering은 비슷한 거끼리 묶어주는 방식인데, 비슷한 색은 하나로 묶으면서 on은 on으로 off는 off로 인식하게 했어. 살짝 부족한 부분도 있었는데 이건 역치 값을 넣어주면서 해결을 했고.

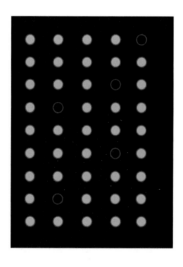

이처럼 인공지능 분야는 다른 분야보다 나이나 학력보다는 실력이 더 중요해서 대학생 수준에서도 노력한다면 충분히 사회에서 역량을 발휘할 수 있어. 그리고 인공지능은 컴퓨터 공학 혼자서는 결과물을 만들 수 없어. 의료용 인공지능이나 자율주행차 등 다른 분야와 접목했을 때 활용이 돼. 내가 이야기해준 거 이외에도 눈 사진 촬영을 통해 분석해 주는 인공지능이라거나 MRI나 CT 스캔의 결과물로 3D 프린팅을 해서 인공 보조물을 좀 더 개인에 맞추어 제작하는 기술도 개발 중이야. 이러한 기술 개발은 도메인(적

용분야)의 역할이 크지만 특히 의학/수의학 분야는 본인들이 많이 바빠서 협력하기 쉽지 않아. 그래서 더더욱 이런 분야에 관심이 있어서 프로젝트에 참여하길 원한다면 쉽게 기회를 얻고 환영받을 수 있어.

III

슬기로운 수의대 생활
(학교 생활)

1. 수의대생의 대학생활은 일반 학과의 대학생활과 어떻게 다른가요?

이다예

수의학과와 일반학과의 차이점은 여러 가지가 있어. 이중 5가지를 꼽자면

첫 번째로, 타과는 보통 4년제 인것에 비해 수의학과는 6년제로 이루어져 있다는 점이야. 수의대는 의대, 한의대와 마찬가지로 예과 2년 본과 4년 총 6년 과정으로 이루어져 있거든. 6년제이기 때문에 다른 학과 학생들보다 졸업은 늦지만 그만큼 많은 내용을 배울 수 있다는 것은 장점이지.

두 번째는, 본인이 시간표를 짜야 하는 일반학과와는 달리 수의대는 커리큘럼이 정해져 있다는 점이야. 물론 예과 때는 교양과목을 들어야 해서 시간표를 본인 스스로 짜야 하지만 본과에 들어서면 전공과목밖에 없기 때문에 고등학교 때처럼 시간표가 짜여 나오거든. 그래서 일반 학과에서 흔히

볼 수 있는 수강 신청 전쟁이 수의학과에서는 논외라고!

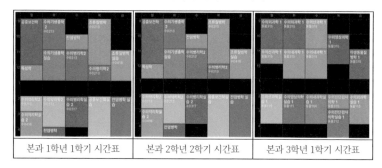

| 본과 1학년 1학기 시간표 | 본과 2학년 2학기 시간표 | 본과 3학년 1학기 시간표 |

세 번째는, 폭넓은 분야에 대하여 배운다는 점이야. 흔히 수의대에서 배우는 과목에 대해서 생각하면 내과학, 외과학 등 임상 분야를 많이 생각하는데. 실제로 임상 분야에 대해서 배우는 것은 본과 3,4학년 2년뿐이고, 나머지 4년 동안은 면역학, 생리학, 생화학, 미생물학, 조직학, 병리학 등 기초의학 분야에 대해서 많이 배워. 이 때문에 수의대 졸업 후에도 비 임상 분야에 무리 없이 진출할 수 있지. 오히려 수의대를 졸업 후 비 임상 분야로 진출할 경우 수의사 면허증 덕분에 타과보다 폭넓은 일을 할 수 있어.

네 번째는, 시험이 많다는 점이야. 예과 때는 타과처럼 한 학기에 중간 1번 기말 1번 총 2번의 시험을 보지만 본과 때부터는 한 학기에 보는 시험의 수가 정해져 있지 않아. 교수님에 따라서 다르지만 보통 한 학기에 3번씩 시험을 봤어 (해부학 같은 경우에는 시험을 무려 5번이나 봤어). 시험 기간도 따로 정해져 있지 않고 일정량 진도가 나가면 시험을 봤어. 이 때문에 시험이 없는 기간이 1학기(3달 반) 중에 총 3주밖에 되지 않는다는 슬픈 이야기……

다섯 번째는 타과와의 교류가 적다는 점이야. 물론 그중에서 외부 동아리를 하며 타과와 많은 교류를 하는 학우들도 있긴 하지만 대체적으로는 교류가 적어. 이에 대한 이유로는 빡빡한 학과 커리큘럼으로 인해 다른 외부 활동의 기회가 적다는 점, 수의학과 동아리가 활성화되어있어서 외부동아리보다는 과 동아리를 많이 가입한다는 점을 들 수가 있어.

2. 수의대에서만 할 수 있는 것들이 뭐가 있을까요?

이다예 : 수의대에 오게 되면 수의대생으로서 참가할 수 있는 강연들과 학회들이 매우 많아. (ex) 서울 수의 임상 컨퍼런스, 부산 수의 임상 컨퍼런스, 한국 동물병원협회 국제학술대회 등등). 나는 너희들이 나중에 수의대에 오게 된다면 이런 행사들에 많이 참가해보면 좋겠어.

예과 때나 본과 1학년 때에는 학술보다는 '청수 콘서트'나 '샬롱드샤'와 같은 다양한 진로에 대한 간접적인 경험을 할 수 있는 강연을 많이 들으러 다녀봐. 나 같은 경우에는 본과 때 들어와서부터 강연을 많이 들으러 다녔는데, 수의대에 국한되지 않고 본인만의 길을 개척해 나가시는 분들의 이야기를 들을 때마다, '이런 이야기를 내가 예과 때 들었으면 어땠을까?' 하는 생각을 많이 했어. 수의사라고 해서 모두 동물을 치료해야 하는 건 아니더라고. 수의대에서 배웠던 지식을 토대로 다른 학문과 융합하는 등 수의대를 졸업하고 할 수 있는 것들은 너희들이 생각하는 것보다 무궁무진해!

너희들은 일찍부터 그런 강연을 많이 들으러 다니면서 진로의 선택 폭을 넓혔으면 좋겠어.

이런 강연들은 진로의 다양성을 접할 수 있을 뿐만 아니라, 본인 안에 숨겨져 있던 열정을 일깨우는 계기도 될 수 있어. 대게 강사분들은 성공하신 분들이 많잖아? 그런 분들의 이야기를 듣다 보면 나도 저렇게 되어야지 하는 마음에 모든 방면에서 열의가 불타더라고. 학교를 오랫동안 다니다가 보면 점점 안주하게 되고 내가 수의대에 처음 입학했을 때 그 마음이 점점 엷어질 수 있는데, 그럴 때 이런 강연을 들으면 그때 마음이 되살아나서 학교생활도 더욱 더 열심히 할 수 있게 돼.

본과 2학년 때부터는 학회⁶⁾들을 많이 들으러 다녀봐. 학교 수업도 따라가기 힘든데 학회 내용은 어렵지 않을까? 하는 생각이 들잖아?

사실이야. 학회 내용은 당연히 어렵지, 학생들이 아니라 수의사분들을 대상으로 하는 강의이니 모든 내용을 이해하기는 어려워. 그런데도 내가 학회에 가기를 추천하는 이유는 많이 있지만, 그중 2가지를 꼽자면.

첫 번째로, 학회는 가장 살아있는 지식을 접할 수 있는 곳이야. 현재 수의계에서 가장 대두되고 있는 주제에 대한 강의들이 이루어지는 곳이기 때문에 최신 수의계의 흐름에 대해서 파악할 수 있는 곳이지. 교과서나 강의의 내용은 대부분 오랜 기간 검증을 거쳐 확실하게 입증된 내용만을 다루기 때문에 최근의 경향을 파악하기는 어려워. 그래서 이런 학회들을 통해서 큰 흐름을 파악하고 어떤 분야의 전망이 높은지 생각해볼 수 있는 계기가 되지.

두 번째로 학회 강의를 들으면 학교 수업에 대한 이해와 집중도가 높아져. 강의 내용이 당시에는 이해가 안 될 수도 있지만, 너의 머릿속 한구석 어딘가에 남아있게 돼. 그래서 학교 수업 시간에 관련 내용이 나왔을 때 '아! 이거 학회에서 들어본 내용이야!' 하면서 수업에 대한 집중도도 높아지더라고. 그리고 학년이 올라갈수록 학교에서 배우는 내용을 기반으로 한 내용이 많이 나오다 보니 이해가 되는 양도 점차 늘어날 거야. 해가 지날수록 강의에 대한 이해의 폭이 넓어지는 걸 보는 기쁨도 꽤 쏠쏠하더라고!

---

6) 학회 (學會) 학문과 연구 종사자들이 각자의 연구 성과를 공개 발표하고 과학적인 타당성을 공개하여 검토 및 논의하는 자리이다. 동시에, 심사, 연구 발표회, 강연회, 학회지, 학술 저널 등의 연구성과 발표의 장을 제공하는 업무와 연구자 간의 교류 등의 역할도 담당 기관이기도 하다. [네이버 지식백과]

12명의 국제 수의학 전문의와 함께하는

제16회
서울수의 임상 컨퍼런스

일 시 : 2019년 10월 12일(토) ~ 13일(일) 10:00 ~ 18:00
장 소 : 세종대학교 컨벤션센터
주 제 : 12명의 국제 수의학 전문의와 함께하는 임상 컨퍼런스
주 최 : 서울특별시수의사회
후 원 : 로얄캐닌, 힐스, 퓨리나,우리와(주) 외 60여개 업체

서울특별시수의사회
Seoul Veterinary Medical Association

박나단 : 수의대에 오면 동물과 관련된 다양한 활동을 많이 할 수 있어!

수의대 내에는 타과에 비해 동물 관련 동아리가 많이 존재해. 우리 학교를 예로 들자면, 실험견 복지를 위한 동아리 'VEVO', 길고양이를 위한 동아리 '꽃길' 등 다양한 동물 관련 동아리가 있지. 이런 동아리에서는 강아지 산책, 케이지 청소, 길고양이 먹이 주기, 길고양이 집 마련 등 동물과 밀접한 활동을 할 수 있어.

또한 각 수의대에서는 반려동물축제라는 것을 1년에 한번씩 개최하는데, 보통 일반적인 축제들과는 다르게, 반려동물과 보호자들을 위한 축제이기 때문에 반려동물과 보호자들이 함께 참여할 수 있는 프로그램이 많다는 것이 특징이야.

김요환 : 나단이가 이야기 한 VEVO라는 동아리에 대해서 좀 더 자세히 이야기해 줄게! VEVO는 VEterinary VOlunteer의 약자에서 나온 말인 만큼 우리를 위해 희생하여 주는 실험견들의 복지를 위해 힘쓰는 봉사 동아리야.

일주일에 한번 강아지들을 산책을 시키고 견사를 청소하고 목욕도 시켜주고 발톱도 깎아주며 많은 유대감을 느낄 수 있어. 그리고 지역 수의사회 수의사 분들과 함께 봉사활동을 하거나 동아리 부스 운영, 유기견 보호소 봉사 등을 해.

3. 다른 학교 수의학과끼리 교류하는 것이 있나요?

1) 대한 수의과대학 학생협회 (수대협)

고등학교에도 학생회가 있듯이, 수의대에도 학교별로 학생회가 있어서 학생들의 요구와 권리를 대변하는 일을 하고있어. 그리고 대한민국에 있는 10개 수의대의 학생 전체를 대표하는 단체가 바로 대한 수의과대학 학생

협회(수대협)야. 대한 수의과대학 학생협회는 대한민국 10개 수의과대학의 모든 수의예과, 수의학과 학생들이 회원으로 소속되어 있으며, 수의대에 입학하는 순간 자연스레 수대협 소속이 되는 거야. 수대협은 수의학 교육 개선을 최우선 목표로 활동하며, 여러가지 동물의료계 현안이나 국내외 수의과대학 학생들의 교류, 수의대생들의 진로탐색 기회 제공 등 여러가지 일을 하고 있어.

대한 수의과대학 학생협회에서는 매년 수의대생들의 교류를 위하여 '전국 수의학도축전(전수축)' 이라는 행사를 열고 있어. 10개 수의과대학에서 번갈아 가면서 개최지를 맡고, 보통 여름 방학에 약 2박3일간 그 학교에 모여 축제를 진행하고 있어. 축하공연, 세미나, 그리고 흥겨운 술자리까지 다른 학교 수의대생들과 교류할 수 있는 가장 쉽고 재미있는 기회야.

매년 수의대생들간 스포츠 대항전도 펼쳐짐. V-League(축구), VBL(농구), VBC(야구)는 전수축에 못지 않는 축제로 수의대생들 간 경기를 하며 우정을 쌓고 선의의 경쟁을 하고있어.

　이외에도 대한 수의과대학 학생협회에서는 수의대생들의 진로탐색을 도
와주는 세미나인 청수콘서트 등을 진행하고, 수의학 교육을 개선하기 위하
여 학생들의 의견을 수렴하여 정부기관이나 여러 수의사 단체 등에 건의하
는 등의 활동을 진행하고 있어.

대한 수의과대학 학생협회 인스타그램 계정 @kvmsa_official

대한 수의과대학 학생협회 홈페이지 www.kvsa.or.kr

2) IVSA

IVSA는 International veterinary students' association의 준말로 전세
계의 수의대 학생들이 회원으로 있는 단체야. IVSA는 전체 IVSA를 운영하
는 IVSA Central이 있고, 각 나라가 "chapter"의 형태로 회원으로 등록돼.
현재 53개의 "active chapter"가 회원으로 가입되어 있고, 한국은 2007년에 chapter로 등록되어 매우 활발한 활동을 이어나가고 있어.

IVSA 프로그램으로는 Congress, Symposium, Group exchange program, Asia conference, Live 4 now 프로그램 등이 있는데, 각각에 대해 간략히 설명해주자면

- Congress/Symposium :

  Congress는 매년 여름, Symposium은 매년 겨울에 대륙별 IVSA Chapter가 돌아가면서 개최돼. 10여일간의 행사기간동안 여러나라 수의대생들과 교류하며, 수의학 강의, 실습, 여행 등을 할 수 있어. Congress/Symposium의 가장 큰 특징은 'GA' 라는 IVSA 안건 논의 시간이 있다는 거야. 회의동안 한국을 대표하는 참가자로서 일조하고 투표권을 행사할 수 있어.

- Group exchange program (GEP):

  GEP는 다른 국가의 IVSA 지부(IVSA Chapter)와 약속/협약을 맺어 서로의 국가를 번갈아 방문하는 프로그램이야. Congress/Symposium과는 달리 '한 나라'와 교류하기 때문에 특정나라에 관심이 있는 경우 추천해.

- Asia conference:

  Asia conference는 아시아 국가의 수의대생들끼리 모여서 하는 프로그램이야. 비슷한 문화권에 있기 때문에 소통이 더 편하고 아시아 지역의 수의계 현안에 대해서 이야기 해볼 수 있어.

- Event:

  IVSA 이벤트는 Congress/Symposium보다는 작은 규모의 행사로, 약 50여명의 다양한 나라 수의대 학생들이 모여 행사를 진행해. 한국지부

에서도 매년 이벤트를 진행하고 있는데, 아직 해외는 부담스럽거나 외국 수의대생들에게 우리나라에 대해 알리고 싶은 경우 추천하는 프로그램 이야.

- **Live 4 now:**
  Live 4 now는 남아프리카에서 열리는 실습 프로그램으로 한국에서는 경험할 수 없는 다양한 실습을 할 수 있어. 'community vet clinic' 이라는 비영리 단체에서 하는 길고양이 중성화 수술 보조활동, Kruger national park와 버팔로 농장에서의 실습 등 다양한 경험을 해볼 수 있어. 아프리카 대자연이나 야생동물 수의사에게 관심있는 사람들에게 특히 추천해.

* 공식홈페이지: https://ivsasouthkorea.quv.kr

* 후기 블로그: http://blog.naver.com/ivsablog

4. 학교 이외의 활동(대외활동)으로는 무엇을 해봤나요?

김요환 : 가난한 대학생은 무료로 여행을 할 수 있는 방법을 찾아보게 되지.. 나는 몇 가지 여행에 관한 버킷리스트가 있어. 에베레스트, 남극 가기, 시베리아 가기 등등 그중 하나가 독도야. 그래서 나는 조사를 한 결과 해양 국토대장정을 통해서 울릉도와 독도를 갈 수 있다는 걸 알아내고 신청했어. 국토대장정이라고 하면 보통 서울에서 부산까지 걷기 이런 힘든 대장정들이 많은데 다행히 해양 국토대장정은 그 정도는 아니고 버스를 타고 도시 간 이동을 하면서 특정 바다 근처 산책로를 걸으며 다양한 우리나라의 멋있는 자연을 보는 프로그램이야.

독도를 가는 동해팀과 제주도를 가는 서해팀으로 나뉘는데 나는 동해를 지원했어. 서울에서 출발을 해서 동해를 쭉 따라 거제도에서 끝나는 루트야. 대한민국 각지에서 만난 새로운 친구들과 한 조가 되어 일주일 정도 함께해. 하루에 1번이나 두 번 정도 걷는데 한번 걸을 때 3시간 정도 걸어. 울릉도는 정말 멋있더라고. 산이 잠겨있다고 표현할 정도로 바다에서 솟아 오른 것 같은 지형들이 영화 아바타를 보는 것 같았어. 울릉도 해안 누리길 35코스를 돌면서 동굴도 보고 동해의 아주 깨끗한 에메랄드 바다를 보며 우리나라 자연의 색다른 면을 볼 수 있어.

독도를 들어가는 건 바다 상황과 날씨가 좋아야 해서 운이 정말 중요해. 다행히 날씨가 좋아서 독도에 들어갈 수 있었지. 독도에 도착하자마자 독도 경비대 분들이 경례를 하고 계셨는데 정말 멋있더라고. 독도 위로 올라갈 수는 없지만 항구에서 독도의 여기저기를 볼 수 있었고 해양 국토대장정에서 준비한 콘텐츠인 플래시몹을 했어. 나는 춤을 잘 못 춰서 부끄럽기도 하고 쑥스럽기도 하고.. 그랬는데 나름 나한테는 대학생 때 만 할 수 있는 이벤트여서 좋은 경험이야. 그리고 집으로 돌아가서는 독도 명예주민증을 발급받았어. 최고의 기념품이지

다른 국토대장정은 정말 처음부터 끝까지 걸으면서 중간중간에 텐트를 치고 지내며 이동한다고 하더라고.. 그런데 해양 국토대장정은 버스 타고 이동하고 잠도 숙소에서 잘 수 있어. 가장 좋았던 게 빨래가 가능한 거였어. 숙소에서 빨래하고 널어놓고 자도 거의 마르지 않는데 버스로 이동하기 때문에 버스에도 걸어놓으면서 이동했어. 그렇게 해도 정말 피곤해서 중반 이후로는 버스에선 거의 잠을 잤던 거 같아. 국토대장정을 꿈꾸고 있는데 너무 힘들 것 같아서 두렵다면 해양 국토대장정 추천해!

이다예 : 나는 학교 활동 이외에도 다양한 활동들을 시도했었어. 나는 새로운 도전을 하는 걸 좋아했거든. 내가 했던 활동들 중 가장 기억에 남는 것을 꼽으라면 나는 단연 'IVSA(International veterinary students' association)'이야. "IVSA를 한 번도 안 한 사람은 있어도 한 번만 한 사람은 없다는 말이 있을 정도로 정말 매력적인 단체이자, 나에게 정말 많은 영향을 준 활동이지.

2018년 폴란드에서 열린 행사 참여를 시작으로 IVSA의 매력에 빠져 67회 한국심포지엄 OC(organizing committee)를 거쳐 지금은 한국지부의 대표단으로 활동하고 있어.

IVSA의 매력은 셀 수 없이 많지만 그중 2가지만 말해주자면

첫 번째, IVSA 활동의 가장 큰 매력은 '사람'이야. IVSA 활동을 하다 보면 정말 많은 사람을 만나게 돼. 국내 다른 학교 수의대생뿐만 아니라, 국외 수의대 학생들도 만날 수 있어. 여러 종류의 사람들을 만남으로써 생각의 폭이 넓어지기도 하고, 좋은 사람들을 많이 만나면서 긍정적인 영향을 많이

받을 수 있어. IVSA활동을 하는 사람들은 대부분 인생을 열심히 사는 사람들이 많아서 그들의 열정적인 모습에 나도 열심히 살아야겠다고 동기 부여 되는 것 같아.

2번째로, '영어 실력 향상'이야. IVSA 행사에 참여하게 되면 외국인 친구들과 대화해야 하는 상황에 많이 놓이게 돼. 완벽한 문장으로 대화하지 않더라도 외국인 친구들과 영어로 계속 대화하다 보면 자연스레 영어 실력이 늘 수밖에 없지. 나도 첫 행사때는 외국인 친구들과 영어로 이야기하는 것이 큰 부담이었어. 고등학교 때까지 영어 공부라고는 수능 공부밖에 안 해본 내가 영어로 말을 하려니 참 어렵더라고. 그래서 속으로 무슨 말을 해야 하나, 어떻게 말을 해야 하나 마음을 엄청나게 졸였었어. 그러나 부족하더라도 용기 있게 먼저 다가가서 말을 걸다 보니 신기하게 서로 대화가 통하더라고, 그렇게 한두 마디 말을 붙이다 보면 어느새 영어로 농담을 하는 본인을 발견하게 될 거야.

행사 마지막 날에는 'white t-shirt party'라고 해서 서로의 옷에 편지를 써
주는데, 이건 폴란드 행사 때 외국인 친구들이 써준 편지들이야. 저 티셔츠
는 평생 간직할 거야!

내 첫 IVSA 행사 때 룸메이트 'Pamela'가 나에게 준 편지와 신물이야. 행
사하는 10일 동안 같은 방을 쓰면서 친해졌어. 처음에는 어색했는데, 행사
가 끝날 때 즈음에는 서로 농담도 주고받는 사이가 되었어.

이종성 : 나는 본과 때는 대외 활동을 할 시간이 없겠다는 생각이 들어서 예과 때 대외 활동을 했었어. 그중 가장 기억에 남는 활동은 '여행하는 선생님들'이라는 교육 봉사 활동이야. '여행하는 선생님들'이란 지리적 여건으로 인해 교육의 접근성이 어려운 지역의 학교에 가서 학생들의 꿈을 키우는 것을 목표로 교육 봉사하는 단체야. 학교에 머무는 기간은 일주일 정도였지만 어떤 내용의 교육을 할지에 대해 한 달 동안 회의를 하면서 준비했었어.

항상 나랑 비슷한 성향의 친구들하고만 지내다가 이렇게 다양한 학교, 학과 친구들과 이야기해 보니 내가 얼마나 편협한 사고를 해왔었는지 깨닫게 되었어. 또한 다양한 친구들과 함께 토의하면서 자신의 생각을 조리 있고 설득력 있게 말하는 법을 배우게 됐어. 고등학생들을 가르치기 위해 참여했던 봉사였지만 오히려 내가 많이 배운 활동이었던 거 같아.

또한 이 활동을 계기로 더 많은 대외활동에 참여하게 되었어. 이전까지 대외활동의 필요성을 못 느꼈지만 '여행하는 선생님들'을 통해 내 생각과 가치관이 학교 안에만 머물고 있다는 생각이 들었고 그래서 이후로 다양한 사람들을 만나려고 노력하게 되었어.

5. 수의대에 와서 가장 뿌듯했던 순간은 언제였나요?

허재벽 :

내가 야생동물센터에서 일했을 때였는데, 눈도 못 뜨던 새끼 족제비들이 야생동물센터로 구조되었었어.

어미가 사라져서 낑낑 소리를 내던 새끼 족제비들을 주변 주민분이 신고해 주셔서 오게 되었는데, 너무 어렸던 탓에 수의사 선생님들도 아이들의 예후[7]를 긍정적으로 보시지 않았었지. 그래도 나는 포기하지 않고 선배들과 함께 밤낮없이 분유를 먹여가며 새끼 족제비를 돌봤어. 그렇게 노력한 끝에 족제비 새끼 4마리 모두를 건강하게 키워서 몇 개월 후에 방생까지 성공했었어.

죽을뻔했던 동물이 나의 노력으로 인해 무사히 자연으로 돌아가는 모습을

---

7) 예후豫後, prognosis : 병의 경과 및 결말을 미리 아는 것 [네이버 지식백과]

보는 게 너무 값지고 뿌듯한 경험이었지. 이 기억은 아직도 생생하게 남을 정도로 감명 깊었던 순간이야.

김요환 :

뿌듯했다기보다는 자랑스러웠던 경험은 있었어. 태국에서 '포스코 대학봉사단 비욘드'를 하며 건축 봉사할 때 현지 대학생과 같이 봉사를 하는데 내가 수의학을 공부하고 있다고 하니까 엄청 대단해 했었어. 태국은 코끼리 등 다양한 야생동물이 살고 있는 만큼 진료를 보는 동물의 범위도 넓고 국가적인 지원도 많아서 '수의사'에 대한 인식이 좋고 관심을 많이 받는 직업이라고 하더라고. 그리고 마을 초등학교에서 교육봉사를 하면서 본인의 꿈에 대해 그림 그리는 활동을 했었는데, 수의사를 하고 싶어 하는 친구가 있었어. 다른 사람의 꿈이 된다는 게 이런 느낌일까 하며 뿌듯했었던 것 같아..

평소에는 잘 느끼지 못했는데, 내가 배우는 학문의 중요성과 가치를 다른 사람의 입을 통해서 들으니, 수의대에 온 것에 자부심을 가질 수 있었어.

6. 수의대에 와서 가장 힘들었던 일은 뭐가 있을까요?

박나단 : 수의대 와서 가장 힘들었던 부분은 시험 기간 체력 관리였어. 고등학교때와는 다르게 본과는 시험 횟수가 너무 많기 때문에 재수할 때처럼 온종일 공부해도 공부할 시간이 무조건 부족할 수밖에 없어. 그래서 몇 주 동안 잠을 충분히 못 자거나 편히 쉬지 못할 때가 많아. 하지만 수의학에 흥미가 있고, 지식을 습득하는 것이 훌륭한 수의사가 되기 위한 중요한 과정이라는 것을 깨닫게 된다면 육체적으로 힘든 것은 얼마든지 견뎌내고 이겨낼 수 있을 거야. 피할 수 없으면 즐기라는 말도 있잖아? 너무 무서워하거나 두려워할 필요는 전혀 없다고 생각해.

이다예 : 수의대에 와서 가장 힘들었던 일을 꼽자면 나는 '본1 1학기'였어. 본과생활은 다 힘들지만 본1 1학기는 예과에서 본과로의 과도기였기 때문에 특히 힘들었지.

본과로 올라가게 되면 많은 것들이 바뀌게 돼. 우선 오전수업이 거의 없었던 예과에 비해 본과는 매일 오전 9시에 수업이 있어. 이른 수업 시간 때문에 매일 7시 반에 일어나야 했는데, 이게 처음에는 적응하기 힘들었어.

본 1 때 배우는 과목 또한 이해하기 어려운 것들이 많아 따라가기 벅찼었어. 특히 해부학과 생리학이 매우 힘들었는데, 나만 이해 안 되는 것 같다는 느낌이 들어 스스로 자책하기도 하고 다 포기하고 싶기도 했었지. 그런데 나중에 지나고 나서 동기들 이야기를 들어보니 다들 나랑 똑같았더라고. 다들 어렵고 힘든데 그걸 끝까지 포기하지 않고 해내느냐 아니냐의 차이인 것 같아.

내가 힘든 공부를 끝까지 할 수 있었던 비결을 말해주자면

첫번째로, 나는 시험보다는 '내 공부'를 목표로 뒀어. 시험 전에 벼락치기 하기보다는 매일 1시간씩 복습을 하고, 시험 전에는 정리하는 식으로 했었지. 이렇게 하니까 나중에 교수님이 해주신 필기들을 복기하는데도 시간이 적게 걸리고 스트레스도 적더라고.

두 번째로, 공부 속에서 '즐거움'을 찾으려고 했었어. 예를 들자면 본과 1학년 때에는 '조직학'이라는 과목이 있는데, 이 과목에는 조직표본을 현미경으로 관찰하고 그림을 그리는 과제가 있어. 많은 친구가 이 과제를 싫어하고, 또 벼락치기로 해버리곤 했었는데 나는 이 과제를 스트레스 받을 때마다 하는 컬러링북처럼 사용했어. '지지자불여호지자 호지자불여락지자[8]'라는 말처럼 힘듦 속에서도 즐거움을 찾으려 했던 것 같아.

---

8) 지지자불여호지자 호지자불여락지자: "어떤 사실을 아는 사람은 그것을 좋아하는 사람만 못하고, 좋아하는 사람은 즐기는 사람만 못하다."

꼭 내 방식이 아니더라도, 나중에 수의대에 들어와서 공부가 어렵게 느껴질 때, 포기하기보다는 본인이 할 수 있는 것부터 조금씩 차근차근 노력해봐. 그렇게 하나둘씩 쌓다 보면 언젠가는 꼭 좋은 결과가 나타날 거야!

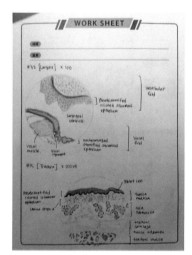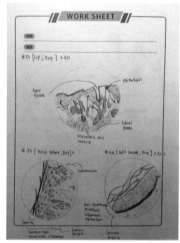

< 조직학 실습 과제 >

이종성 : 맞아 나도 본과 1학년이 제일 힘들었어. 본과 1학년은 수의대를 졸업하기 위해 꼭 넘어야 할 산이야. 굉장히 여유로운 예과 시절을 보내다가 갑자기 많은 시험, 실습, 조별 과제 등이 있는 본과 1학년을 겪게 되면서 엄청난 스트레스를 받았었어.

스스로가 너무 힘들다 보니까 동기들을 배려해 줄 여유가 많이 사라지고 그러면서 조금씩 인간관계에 대한 고민도 생기기 시작하더라구. 이러한 어려움이 복합적으로 작용하다 보니까 본과 1학년 1학기가 가장 힘든 기억으로 남아있어. 하지만 점차 이런 본과 생활을 지내다 보면 혼자만의 노하우라고 해야 하나?! 스트레스를 덜 받으면서 학교생활을 하는 방법을 스스로 배우게 되는 거 같아. 주변의 동기들도 보면 점차 학년이 높아질수록 많은 시험에도 여유를 갖고 시험 준비를 하더라구. 나는 워낙 순두부 멘탈이라 첫 본과 생활이 조금 힘들었지만 나도 결국에 적응을 했고 대부분의 동기들도 잘 적응했으니까 너무 걱정하지 않아도 될 것 같아.

허재벽 : 다른 동기들에게 물어봐도 아마 비슷한 대답이 나올 확률이 높은데 본1 1학기가 가장 힘든 시기가 아니었나 싶어. 수의대에 들어와서 예과 때는 상대적으로 과목도 어렵지 않고, 고등학교 때처럼 빡빡한 시간표가 아녀서 몸과 마음이 편한 생활에 익숙해져. 근데 딱 본1에 들어서는 순간 고등학교 때만큼은 아니지만, 아침 9시부터 저녁 4~5시쯤에 끝나는 시간표를 만나. 이미 편한 생활에 익숙해진 나는 이 성실한 일상과 많은 공부량을 견디는 것이 너무 힘들었어. 특히 시험도 중간, 기말고사만 보던 예과 과목들과 다르게 3, 4차 시험으로 시험을 여러 번 보는 과목들도 존재했고, 계속 공부를 해야 한다는 부담감이 심했지. 공부하는 것 자체가 너무 힘들었고 적응이 잘 안 돼서 가장 고생한 시기였던 것 같아.

7. 수의대의 장, 단점이 뭔가요?

이다예 : 나는 타과와의 차이점 중 장점이자 단점인 것이 바로 '6년'의 학부 생활이라고 생각해.

학생이라는 신분을 6년 동안 유지할 수 있다는 건 참 좋아. 대학생으로서 누릴 수 있는 특권이 정말 많거든. 흔히 어른들이 공부하는 게 제일 쉽다고 하잖아? 제일 쉬운 건 모르겠지만 쉬운 건 정말 맞는 것 같아. 내가 알바를 아주 많이 해본 것은 아니지만 알바를 할 때 '남의 돈 벌기 참 어렵다'라는 생각이 많이 들었어.

뿐만 아니라 6년이라는 긴 기간이 주어진 만큼 본인의 진로를 고민할 시간 이 많아진다는 점, 배움의 깊이의 폭도 넓어진다는 점도 6년 동안의 학부 생활의 장점이라고 생각해

이종성 : 나는 오히려 6년제라는 점이 단점으로 느껴졌어. 학부 생활이 길

면 사회생활 시작이 늦어지잖아? 그리고 남자의 경우 대부분 대체 복무를 하는데 약 40개월이라 시간 동안 복무를 해야 하는 게 좀 부담이 되더라구.

하지만 수의대의 가장 큰 장점은 '취업'이라고 생각해. 수의학과를 졸업 후에 진로가 다양하기 때문에 그만큼 경쟁률도 낮아져서 취업은 타과에 비해 안정적이야. 나도 이 부분이 얼마나 큰 장점인지 잘 몰랐는데 고등학교 동창들과 만나면서 더 알게 된 거 같아. 친구들이 취업 걱정을 할 때 나는 취업에 큰 걱정이 없었거든.

수의학과를 졸업하고 취업이 쉬운 이유는 수의사를 필요로 하는 기관이 많기 때문이야. 대부분의 연구 기관에서 실험동물을 관리해야 하는데 이 실험동물의 관리에는 수의사가 꼭 필요해. 또한 수의직 공무원, 임상 수의사 등 수의사 면허증을 소지한 사람만이 취업할 수 있는 직업이 많다 보니까 취업을 다른 과에 비해 쉽게 할 수 있지.

8. 예과 과정에 무엇을 하면 좋을까요?

김요환 : 나는 너희들이 예과 때 다양한 동아리 활동을 해봤으면 좋겠어. 보통 수의대 내 동아리만 열심히 하는데, 나는 타과 학생들과 교류하고자 중앙동아리 활동도 열심히 했었어.

나는 중앙 동아리로 여행 동아리와 서핑 동아리에 들었었어.

여행 동아리는 국내여행을 히치하이킹을 통해 최소한의 경비로 여행하는 동아리였는데, 그때의 경험은 내가 기존에 가지고 있던 상식을 깨뜨렸었어. 히치하이킹이 성공할 거라고 생각도 못 했는데 많은 분들이 흔쾌히 태워주셨고, 좋은 이야기도 많이 해주셨어. 여행은 매우 힘들었지만, 그때 함께 엄지손가락을 치켜들고 손을 흔들며 친해졌던 친구들과의 추억은 정말 잊지 못할 거야.

서핑 동아리에서는 바로 옆에 있는 KAIST와 연합해서 강원도 양양이나 울산으로 서핑을 하러 갔었어. 처음엔 계속 넘어지고 물에 빠지기만을 반복했지만 몇 시간을 계속 노력하다 보니, 결국 파도를 탈 수 있었어. 노력 끝에 목적을 달성하는 성취감이 크더라고! 중앙 동아리를 통해 새로운 친구들을 사귀었던 것도 좋았지만, 경험하고 싶었던 새로운 취미를 도전해 볼 수 있어서 좋았어.

이다예 : 지금 생각해보면 예과 때 들었던 전공 수업보다 오히려 교양과목들이 많은 도움이 되었던 것 같아. 글을 쓰고 있는 지금도 '기초글쓰기' 과목 때 배운 내용이 도움이 되고 있거든. 교양과목들은 내가 앞으로는 배우지 못할 다른 분야에 대해서 배울 수 있다는 점에서 정말 소중한 기회라고 생각해.

내가 아직도 후회되는 것 중에 하나가 내가 관심 있고, 배우고 싶은 교양을 선택했던 것이 아니라 성적을 잘 받을 수 있는 교양을 선택한 것이야. 내가 다시 예과 때로 돌아간다면 익숙한 분야보다는 내가 경험해보지 못한 분야에 대한 수업을 들을 것 같아.

또 예과 과정 때는 많은 경험을 하길 바라. 여기저기 여행도 많이 해보고 알바도 해보고 수의대에 국한되지 말고 다양한 분야를 경험해봐. 학년이 올라갈수록 학교 내에서 보내는 시간이 늘어나면서 사고가 점점 수의학에 한정되게 되거든. 그러니까 시간이 많은 예과 때는 내게 '도움이 될 일'보다는 '안 해본 일'을 우선적인 가치로 두고 많은 경험을 해봐!

이종성 : 나는 예과 때 영어 공부를 많이 하는 것을 추천해. 본과에 올라오면 대부분의 전공 강의 교재가 영어니까 수업을 듣는 데도 도움이 되고 학교에 따라서는 외국어 성적 장학금을 주기도 하기 때문에 일석이조지.

영어 공부의 중요성에 비해서 본과에 올라가면 공부할 시간이 부족하기 때문에 상대적으로 시간이 많은 예과 때부터 조금씩 공부를 했으면 좋겠어.

허재벽 : 예과라는 이름에서도 알 수 있듯이 예과는 본과에 들어가기 위해 준비하는 과정이야, 그래서 커리큘럼 상 그렇게 부담이 되는 내용을 다루는 경우가 거의 없고, 중요한 내용은 본과에 가서 다시 배울 수 있어. 그래서 나는 공부 다는 다른 걸 열심히 하는 걸 추천해.

내가 예과 때 가장 추천하는 2가지는 오랫동안 지속할 수 있는 본인의 취미를 찾는 것과 운동을 배우는 것이야.

첫 번째로, 취미는 본과생활에 큰 활력소를 줘. 본과에 들어가면 공부와 시험에 치여서 스트레스를 많이 받게 되거든. 그럴 때마다 본인의 스트레스를 풀 수 있는 취미를 예과 때 한 개 정도 미리 만들어 놓아야 힘든 본과 생활을 버텨낼 수 있어.

두 번째로, 운동은 꼭 필요한 것 같아. 나는 본과 2학년이 될 때까지 운동을 하나도 안 했었는데 예과 때랑은 다르게 본과에 들어가니 내 체력이 없어져 가는 게 느껴지더라고. 예과 때부터 미리 하루 1시간 안팎으로 할 수 있는 운동 종목을 하나 정도 익혀놓는 것이 본과 생활에 도움 될 꺼야. 개인적으로는 자전거 타기나 헬스처럼 혼자서도 할 수 있고, 친구들과 같이하면 좀 더 즐겁게 할 수 있는 운동을 추천해주고 싶어!

9. 본과 과정에 무엇을 하면 좋을까요?

이다예 : 나는 본과 과정 때 다양한 실습을 해봤으면 좋겠어.

예과 때까지는 학업보다는 다양한 경험을 통해 고등학교 때까지 갇혀있었던 너희들의 시야와 인간관계를 넓히는 것을 추천하지만, 본과에 들어와서는 미래의 수의사로서 실력을 쌓고, 책임감을 가지는 시간으로 삼았으면 좋겠어.

개인적으로 나는 수의사로서 어느 정도 실력은 갖추고 졸업해야 한다고 생각해. 그리고 이를 위해서 학교 커리큘럼뿐만 아니라 본인 스스로 부족한 점을 찾아서 메꾸는 것도 중요해. 예를 들어 학교에서는 소동물 위주로 교육이 되기 때문에 상대적으로 대 동물 분야의 수업이나 실습은 적은 편이야. 이런 부분에 대해서 더 배우고 싶다면 본인이 방학을 이용하여 실습을 하는 수밖에 없지.

현재 10개 수의대에서 수의학 교육인증 제도 등을 실시하며 다양한 노력을 기울이고 있지만, 아직 학교끼리의 교과목, 수업 내용에 대한 완전한 통일은 이루어지지 않았어. 그렇기 때문에 학교 수업이나 실습만으로 부족한 부분이 있다고 생각이 들거나, 더 배우고 싶은 것이 생기면 적극적인 외부 실습 참여를 통해 미래 수의사로서의 모습을 스스로 완성해나가면 좋겠어.

박나단 : 본과 과정에는 예과 과정과 달리 전공 공부를 열심히 하는 것이 중요해. 그런데 점수를 높게 받는 것도 중요하지만, 고등학교 때와 달리 내가 정말 좋아하는 과목이 무엇인지 찾는 것이 훨씬 중요한 것 같아. 수의대 교육과정을 보면 정말 많은 것들을 배우지만, 사실 수의대를 졸업하고 나서도 꾸준히 공부하는 과목은 사실 그리 많지 않아. 그리고 좋아하는 과목을 빨리 찾으면 찾을수록, 진로 선택에 큰 도움이 될 수 있을 꺼야.

나도 처음에는 좋아하는 과목이 무엇인지 몰랐어. 하지만 본과 1학년때 면역학, 본과 2학년때 전염병학 등을 배우면서 좋아하는 과목이라는 것을 찾게 되었고, 이에 따라 비임상으로 진로를 정하게 되었지. 그리고 주위 동기들을 보면 본과 3학년 때 외과, 내과, 영상 등을 배우면서 본인이 좋아하는 분야를 찾음으로써 이에 따라 전문 분야를 선택하는 경우가 많았어.

따라서 나는 본과 과정 동안에는 과목에 대한 선입견을 가지기 보다는, 다양한 과목을 열심히 공부함으로써 내 자신에게 맞는 과목이 무엇인가를 꼭 찾았으면 좋겠어.

10. 주변에서 동물에 관하여 많이 질문하나요?

이다예 : 내 생각보다는 주변에서 동물에 관한 질문을 많이 하지는 않는 것
같아.

간혹가다 '우리 강아지/고양이가 어떤 증상을 보이는데 어디가 아픈 걸까?'
하고 물어보는 경우도 있는데, 나는 그럴 때마다 "나도 잘 모른다. 병원에
가서 검사를 받는 게 가장 정확하다"라고 이야기를 해. 괜히 어쭙잖은 지식
으로 잘못된 판단을 내렸다가 환자의 상황이 나빠지는 것보다는 정확한 진
단을 통해 올바른 진료를 받는 것이 중요하다고 생각하거든. 하물며 수의
사 선생님들도 신체검사, 혈액검사, 방사선 검사 등 여러 가지 검사들을 한
뒤에 질병 감별목록을 만들고 그 안에서 진단을 내리시는데 우리가 사진
몇 장, 상황설명 몇 개 가지고 이 아이가 어디가 아픈지 알겠어.

예를 들어, 고양이가 구토 증상을 보일 때 이 증상이 발생할 수 있는 원인은
정말 다양해. 독성물질 중독증상일 수도 있고, 신경계 이상일 수도 있고, 위

장관계 질병일 수도 있어. 내가 여기서 다 언급하지는 못하지만, 한 증상에 대한 원인은 정말 다양해.

그러니까 나중에 수의대생이 되어서 주변에 친구들이 "내 강아지/고양이가 이런 증상을 보이는데 어떻게 해야 해?" 라고 묻는다면 "병원에 가서 수의사 선생님께 검사받아봐" 라고 말해줘

허재벽 :음 나는 수의대에 입학하기 전부터 동물 관련된 질문을 많이 받았었어. 내가 파충류에 관심이 많은 것을 아는 친구들이 많아서 주변에서 파충류 관련된 질문을 많이 하더라고. 예를 들면 지나가다가 어떤 도마뱀을 봤는데 무슨 도마뱀이냐, 키워도 되는 거냐, 희귀한 개체냐 와 같은 질문들이었지. 한국에서는 파충류 종류가 그다지 많지 않아서 쉽게 답해줄 수 있었고, 나름 퀴즈 하는 기분이라서 나는 재미있었어.

또 다른 질문은 친구 중에서 동물 관련 학과에 간 친구가 처음으로 이구아나를 돌봐야 하는 상황이 생겼는데 어떻게 해야 적절히 돌볼 수 있는지에 관해서 물어본 적이 있었어. 이 질문도 앞에서 말한 질문들처럼 재미로 찾아보기 어렵지 않은 질문들이라서 나름 열심히 찾아서 대답해줬어.

11. 반려동물을 길렀던 경험이 꼭 필요한가요?

허재벽 : 반려동물을 키우는 것이 강제되거나 필수사항은 아니야. 오히려 수의대이기 때문에 반려동물을 키우는 것에 대해서 좀 더 많이 고려하고 고민을 해서 동물을 데려와야 하지.

내 경우에는 중, 고등학교 때부터 여러 종의 반려동물을 키워봤고, 지금도 뱀과 거북이를 키우고 있어. 키우는 과정 자체가 즐겁기도 하고 실제로 수의대에서 어느 정도 도움이 되는 부분도 있었던 것 같아.

동물을 키우고 돌보기 위한 공부를 하는 과정에서 배운 것들이 전공 내용 중에서 나오기도 하고, 반대로 내가 공부한 내용이 내가 키우는 동물들에서 보이기도 하지.

그래서 나는 개인적으로 동물을 키우는 것 자체는 매우 좋다고 생각해. 다만 앞에서 말한 것처럼 꼭! 키우기 위한 여러 가지 조건과 상황을 고민하고 키울 동물을 데려오길 바라.

이종성 : 반려동물을 키운 경험이 필수적이지는 않지만 도움이 되는 건 사실인 것 같아. 반려동물과 함께한 경험이 학습적인 면과 공감적인 면에서 도움이 된다고 생각해.

수의사는 보호자와의 상담이 매우 중요하기 때문에 보호자를 공감할 수 있는 태도가 필요해. 그러기 위해서 자기가 직접 보호자가 되어 보는 것만큼 더 좋은 방법이 없지 않을까? 직접 반려동물을 키워본다면 동물병원을 찾아갈 때 수의사들에게 무엇을 바라는지 더 잘 이해하게 될 거야. 물론 이러한 것들도 6년 동안 공부하면서 배울 수 있겠지만 책으로 배우는 것보다 직접 경험하는 것이 가장 도움이 될 거라고 생각해.

12. 동물을 너무 사랑하는데
수의대에 다닐 수 있을까요?

허재벽 : 내가 중, 고등학교 때 가장 많이 고민한 질문 중 하나가 아닌가 싶어. 사람들이 수의대 진학을 희망하는 데에는 많은 이유가 있겠지만, 가장 큰 이유는 '동물을 좋아해서' 라고 생각해. 이 때문에 동물실습, 안락사와 같은 요소들이 수의대 진학을 결정하는 것에 대해 고민을 하게 만들지.

앞에서 나온 질문에 답처럼 나는 사육사를 꿈꾸다 수의사라는 직업을 갖게 된 사람이야. 수의사라는 직업을 선택할 때에도 동물실습, 안락사와 같은 문제들 때문에 꽤 오랜 시간 고민을 했어. 수의사라는 일을 하면서 겪는 스트레스에 대해서 견딜 수 있을까 싶기도 했고, 동물을 오히려 다치거나 죽일 수도 있다는 걱정이 앞섰지.

하지만 오래 고민 끝에 수적으로도 내가 다치게 하거나, 죽이는 동물 보다 살리는 동물이 많을 것이고, 심적으로도 후회보다는 보람이 더 클 것이라는 생각이 들었어. 그래서 결국 나는 수의사라는 직업을 선택했지.

수의대에 와서 예상했던 것처럼 실습에 대한 거부감도 물론 어느 정도 있었고, 야생동물센터에서 방생할 수 없을 정도로 심하게 다친 동물에 대한 안락사 같은 것에도 처음에는 적잖은 충격을 받았지. 하지만 안락사를 하는 개체들에 대해서는 타당한 이유를 수의사 선생님들이 설명해주셨고, 아픈 몸이 치료돼서 자연으로 방생되는 개체들도 많았어. 그래서 실습을 통해 배우는 것이 더 많았고 내가 생각한 대로 보람을 느끼는 과정이 더 많았기 때문에 후회는 없는 것 같아.

당연히 사람마다 가치를 두는 것의 무게는 다를 거야. 동물을 너무 사랑해서 동물의 피를 보는 것조차 힘든 친구도 있겠지. 그런 친구에게 동물을 사랑하기 때문에 수의대를 가라고 하는 것은 오히려 모순이라고 생각해. 이 글을 읽고 있는 친구는 좀 더 고민을 많이 해보고 결국 자기가 후회하지 않고 좀 더 기쁜 방향으로 선택했으면 좋겠어.

이다예 : 이 질문은 나도 어렸을 때 고민을 많이 했었던 질문 중 하나야. 이 고민 탓에 한동안 내 꿈이 수의사가 아니라 사육사였기도 했었지. 내가 수의대에 가고 싶은 이유 중 하나가 동물을 좋아하기 때문이었는데, 실습 때 동물 안락사 등 동물에 위해를 가하는 일들을 할 수 있을까 걱정을 많이 했었거든. 그래도 수의학 과정을 모두 수료한 후 내가 더 많은 동물을 살릴 수 있게 된다면 그것보다 의미 있는 일은 없으리라 생각이 들어 이 부분을 감수하고 수의대에 진학을 결정하게 되었어.

대학교 진학 후에는 모든 실습이 동물들이 고통을 느끼지 않도록 사전에 심(深)마취를 하고 진행되어서 위 같은 고민 탓에 힘든 적은 많지 않았어. 그나마 가장 힘들었던 때는 해부학 때 한 '카데바[9]실습'이였어. 마우스나

---

9) 카데바 (cadaver) - [명사] [의학] 해부학 실습에 사용하는 시체.

랫트와 같이 소형동물로만 실습하다가 크기가 큰 동물을 가지고 실습을 하니 한 단어로는 설명하기 힘든 처음 느껴보는 복합적인 감정을 느꼈었어. 이 때문에 첫 해부 실습을 한 이후로 며칠 동안은 고기 종류를 잘 못 먹고, 실습에 집중하기가 어려웠었어.

그러나 실습을 제대로 하지 않는다면 우리를 위해서 희생한 강아지의 죽음을 헛되게 하는 것이라는 생각이 들어, 이후 실습에서는 최선을 다했어. 내 주위 친구 중에서는 실습에 거부감을 느끼고 실습을 아예 포기한 친구들이 몇몇 있었는데. 이 친구들의 심정도 충분히 이해하고, 이에 대한 대안도 필요하다고 생각해.

해부 실습에 대한 대표적인 대안을 잠깐 이야기하자면, 인공카데바(SynDaver®)를 예로 들 수 있어. 특히 신데버 모델은 개의 해부학적 구조는 물론 혈액 순환, 조직의 질감까지 재현한 고가의 제품이야. 각종 장기의 절개·봉합은 물론 채혈, 기도삽관 등 다양한 실습을 진행할 수 있고, 위, 방광에 이물을 넣어 놓고 제거 수술을 실습하거나, 전기 펌프로 혈액을 순환시키는 가운데 간엽 절제술을 실습하면서 출혈 상황을 재현할 수도 있다고 해. 인공 카데바를 실제로 다뤄보지는 않았지만, 영상으로 보았을 때, 실제 카데바와 큰 차이가 없을 정도로 매우 유사하게 잘 만들어 놓았더라고.

이처럼 인공카데바는 실습 분야에서 활용도가 높은 제품이지만 제품 자체만 해도 1억 원에 상당하고, 부품 교체 비용도 10~1,500달러가 들어간다고 해. 이렇게 비싼 인공카데바 비용에 비해 교수 1명에게 주어지는 실습예산은 턱없이 적으니 대학에서 인공카데바 사용은 현실적으로 어렵지.

나는 카데바 실습이 동물복지 측면에서도 문제가 많기 때문에 분명히 개선이 필요하다고 생각해, 그러나 카데바 실습으로 얻을 수 있는 장점은 분명히 있어. 책을 여러 번 보는 것보다 실제 실습으로 배우는 것이 더 기억이 잘 남고, 책으로서는 이해하기 힘들었던 내용을 실제 실습을 통해서 이해할 수 있었던 경우도 많거든. 따라서 나는 맹목적으로 카데바 실습을 비난하여 금지하기보다는 실습지원예산 증진을 통해 동물복지와 수의학교육의 개선이 가능하도록 해야 한다고 생각해.

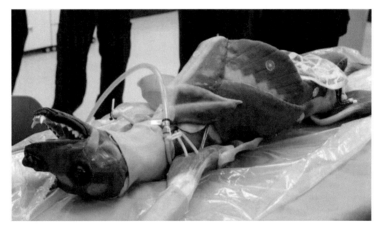

< 개의 주요 장기와 혈액순환을 생체와 비슷한 질감으로 재현한 신데버 모델 >

사진출처: 데일리벳

13. 수의대생들은 주로 어떤 알바를 하나요?

허재벽 : 나는 주로 수의대와 관련된 아르바이트 위주로 했었어.

대학교에 입학해서 가장 먼저 한 아르바이트는 학교에 있는 야생동물센터 근로 장학생으로 일한 것이었어. 원래 야생동물이랑 특수동물에 관심이 많아서 야생동물들을 가까이서 보고 관리할 수 있다는 점에 만족하면서 재미있게 일을 했어.

그리고 '펫트너'라는 반려동물 돌봄 서비스에서 펫시터로도 일해봤었어. 아마 동물을 키우고 있는 친구들이라면 이미 이 서비스를 알고 있을 수도 있어. 일반적인 반려동물 돌봄 서비스랑 다르게 수의대 학생들로만 구성되어 있어서 투약이나 상처 관리 같은 것이 필요한 경우에 좀 더 능숙하게 관리를 해줄 수 있는 서비스야. 강아지를 키우고 싶었던 나는 강아지를 집에서 돌보고 산책시키는 것이 너무 즐거웠고 만족스러운 아르바이트를 했던 경험이었어.

수의대에는 이렇게 학과와 관련 있으면서 돈도 벌 수 있는 아르바이트가 많은 것 같아. 특히 동물과 관련된 아르바이트가 많기 때문에 동물을 좋아하는 친구들이라면 더 만족하면서 아르바이트를 할 수가 있지.

박나단 : 수의대생 중에 펫트너와 같이 동물과 관련된 알바를 하는 사람도 있지만, 대부분은 다른 학과 사람들과 비슷하게 학원, 과외, 카페, 음식점 같은 것들을 많이 하는 것 같아.

나는 이 4가지를 다 해봤지만, 그 중 카페 아르바이트를 가장 좋아하고 오랫동안 했어. 예과 2학년 때 처음으로 아르바이트를 시작해서, 카페 매니저로까지 일해봤었어.

카페 매니저는 월, 화, 수, 목, 금 심지어 주말에도 출근해서 시설 및 직원 관리, 고객과의 활발한 소통 등을 하는 카페 운영에 필수적인 직원이야. 주로 하는 업무로는 고객 컴플레인 해결, 직원 면접 및 채용, SNS 마케팅 & 이벤트 기획, 일일 매출 정산 등이 있어.

카페 알바는 직접적으로 수의학과와 관련되지는 않았지만 이러한 부분들은 이후 동물병원을 개원했을 때 필요한 업무들이기 때문에 내 진로와 관련해서도 충분히 의미있었던 경험이라고 생각해.

이종성 : 아무래도 수의대생들의 수능 점수가 높은 편이기 때문에 과외랑 학원 알바를 많이 하는 편이야. 나도 학원 알바를 많이 했는데, 내가 알려주는 것들로 인해 학생들이 도움을 받을 수 있다는 것이 의미 있게 느껴지더라고.

그리고 종종 방학을 이용해서 실험실 아르바이트를 할 수도 있어. 실험동물을 관리하거나 교수님이 필요하신 물품을 정리하는 정도의 일을 하는데, 연구실 분위기도 경험할 수 있고 배울 수 있는 것도 많아서 추천하는 아르바이트야. 혹시 연구 쪽에 관심이 있다면 교수님들이나 박사님들이 친절하게 실험에 대해 알려주시는 경우가 많으니까 경험해 보는 것도 좋을 것 같아.

14. 수의대의 남녀 비율,
재수/삼수 비율은 어떻게 되나요?

김요환 : 학교마다 조금씩 차이는 있지만, 예전에 비해 전체적으로 여자가 많아지는 추세야. 실제 통계상으로도 여자 수의대생의 비율이 점차 높아져서 2020년 기준 전국 수의과 대학의 여자 신입생 비율은 평균 45.4%를 차지했다고 해. 의학 계열에 속하는 의대(34.5%), 치대(39.7%), 한의대(43.9%)와 비교했을 때 수의대가 여자 신입생 비율이 가장 높아.

나이대의 경우도 매우 다양해. 보통 현역으로 대학교에 입학하는 경우가 제일 많지만 재수 혹은 n 수를 거쳐서 온 분들도 많고, 직장을 다니다 오신 분들이나 군대를 다녀오신 분들도 종종 있어. 우리 학번의 경우 50% 정도가 현역으로 입학했고, 40% 정도가 재수 혹은 n 수를 통해 입학했어.

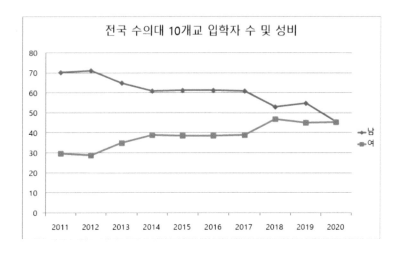

전국 수의대 10개교 입학자 수 및 성비

단위:%

자료 출처:종로학원

15. 중,고등학교와 대학교 와서 달라진 점?

김요환 : 난 자산관리가 대학교에 와서 가장 크게 달라진 점이었어. 대학생들은 보통 용돈을 받긴 하더라도 아르바이트를 하는 경우가 많아. 그럼 이제 저축도 해야 하고, 지출 관리도 하면서 돈 관리를 스스로 해야 할 때야.

나의 경우 대학교 들어와서 바로 주식 투자를 시작했어. 주식 관련된 책을 읽거나, 인터넷을 찾아보면서 주식 투자를 했었는데, 처음에는 수익보다는 손실이 컸던 것 같아. 그러나 계속 공부를 하면서 외화, 금 등 다른 투자 방법도 알게 되었고 지금은 분산투자를 통해 조금 더 안전하게 투자하는 방식을 이용하고 있어.

돈 관리에 있어서 '소비' 또한 중요한 항목이야. 나는 무조건 소비를 줄이기보다는 현명하게 소비하는 게 더 중요하다고 생각해. 현명하게 소비하는 방법은 여러 가지가 있겠지만, 그중 하나를 이야기해주자면, '신용카드 이용' 이 있어.

보통 학생들은 체크카드를 사용하는데 체크카드는 혜택이 많지 않아. 신용카드는 그에 비해 혜택이 훨씬 다양하거든. 요즘에는 본인이 소비하는 패턴에 맞는 신용카드를 소개해 주는 앱도 있는데 잘 찾아서 활용해 봐. 신용카드가 있으면 소비를 제한할 수 없을 거라고 걱정하기도 하지만 본인이 현명하게 소비할 수 있다면 나는 신용카드를 추천해.

이다예 : 중,고등학교와 대학교의 가장 큰 차이점을 꼽으라면 바로 '자유'야.

일상생활에서도 상대적으로 부모님의 영향을 덜 받기 때문에 자유롭기도 하지만, 학교생활에서도 자유가 많이 주어져.

시간표도 미리 다 짜여서 나오는 고등학교와는 달리 대학교에서는 본인이 직접 원하는 강좌를 선택해 시간표를 짤 수 있어. 그래서 잘만 만든다면 일주일에 3번만 학교에 갈 수도 있다고! (물론 예과 한정이지만) 원한다면 아침수업도 없앨 수 있어. 오전수업을 신청하지 않으면 되거든. 즉, 대학교에 오면 모든 게 본인의 선택인 거야. 본인이 '나는 아침에 일찍 수업을 듣고 오후에 내 시간을 가지고 싶다' 하면 오전에 수업을 배치하면 되고, '나는 아침에 잘 못 일어난다' 싶으면 오후에 수업을 배치하면 돼.

대학교에 와서 달라지는 것 중에 또 다른 하나는, 바로 수강'형식'이야. 대학교는 고등학교와는 달리 본인이 수강하는 강좌를 듣기 위해서 강의실을 직접 찾아가야 해. 강의실 간 거리가 있으니까 대학교 수강 신청 시에는 강의실 간 이동 시간을 고려해서 시간표를 짜야겠지?

허재벽 : 나한테 있어서 가장 크게 달라진 점은 말 그대로 내가 모든 것을

선택하고, 책임진다는 거야.

대학 와서 가장 크게 변한 게 사실 자취를 시작하고 온전히 혼자서 살 게 된 점인데, 혼자 살면서 의식주를 온전히 혼자 해결해야 한다는 게 얼마나 어려운 것인지 알게 됐어. 내가 빨래를 미루거나 밥하는 것을 미루면 그대로 내가 힘들어지고 불편함이 생기더라고.

너무 처음에 안 좋은 것들만 말해서 걱정될 수도 있겠지만, 사실 나는 혼자 살고 내가 하고 싶은 것들을 부모님께 허락 없이 맘대로 할 수 있다는 부분이 너무 즐겁고 행복했어. 당연히 아직 여러 가지로 도움을 받고 있고, 완전한 독립을 한 게 아녀서 어느 정도의 제약은 있지만, 대부분의 일상적인 부분에서는 내가 원하는 방향으로 모든 것들을 결정할 수 있어. 나한테 있어서 가장 큰 변화는 키우고 싶었던 파충류들을 눈치 보지 않고 키울 수 있게 되었다는 거야. 아마 많은 친구가 부모님 반대로 동물을 키우지 못한 적이 있을 텐데, 나도 마찬가지였어. 그래서 대학생이 되어서 내가 키우고 싶던 동물을 키우게 된 것이 너무 즐겁고 행복하더라고.

그리고 지금은 야간 자율학습을 하는 곳이 거의 없다고 하는데, 나는 고등학교 내내 야간 자율학습을 했었어. 그래서 대학교 와서 처음에 가장 적응이 안 되고 기분이 이상했던 게 해가 떠 있고 가장 밝은 2~4시쯤에 친구들과 나가서 놀 수 있다는 거었어. 은근히 별거 아닌 이런 부분들이 가장 크게 변한 부분으로 다가온 거 같아.

16. 공강시간에 주로 뭐하고 지내나요?

이다예: 비록 본과에 들어와서는 공강 시간이 부족한 잠을 보충하는 시간으로 변해버렸지만, 예과 때는 공강이 있으면 무조건 동기들과 '막동'으로 향했었어.

막동이 뭐냐고? '막걸리 동산'의 줄임말인데, 우리 학교 중앙도서관 앞에는 큰 공원이 있어. 원래 이름은 조각공원이지만, 그곳에서 학생들이 막걸리를 많이 마셔서 막걸리 동산이라는 이름으로 더 많이 불리지. 다른 학교에도 이름은 다르지만 비슷한 장소들이 있다고 알고 있어.

공강 시간이 아니더라도 날씨가 좋은 날에는 막동에서 동기들과 삼삼오오 모여서 배달음식과 함께 막걸리를 마시면서 많이 놀았었어.

김요환 : 나는 공강시간에 헬스장을 많이 갔었어. 공강 시간이 짧으면 학

교 옆 운동장에 있는 철봉에서 맨몸 운동을 하기도 했지. 시험공부를 하면서 생기는 스트레스를 나는 헬스로 풀었던 것 같아. 힘을 쓰고 운동에 집중하다 보면 다른 생각이 없어지고 스트레스가 풀리더라고. 오랫동안 운동을 하고 나니까 몸도 건강해지고 하루를 더 부지런하게 보낼 수 있어서 좋았어.

허재벽 : 나는 공강 시간에 동기들이랑 많이 놀러 다녔었어. 가볍게는 동기들 중에 같은 게임을 하는 친구들을 모아서 다 같이 피시방에 가서 게임을 하기도 했고, 공강이 길게 생기거나 아예 수업이 휴강 되는 경우에는 모여서 자전거 타고 놀러 가기도 했었어. 물론 본과에 올라온 후에는 공강이 거의 없어서 많이 놀지 못했지만, 예과 때는 친구들이랑 같이 놀러 다닌 시간이 가장 즐거웠던 것 같아.

III

부록

부록 3. 대학생활 가장 행복했던 기억 'IVSA' - 이다예

나는 내 대학교 시절에서 가장 행복했던 기억을 하나 꼽으라면 단연 'IVSA' 라고 할 것 같아.

보통 수의과대학교 신입생 때 많은 학생들이 IVSA에 가입을 하게 되는데, 행사 참여로 까지는 잘 이어지지 않는 것 같아. 특히 코로나로 인해서 IVSA 내에서도 교류가 적어지다 보니 학생들의 관심도 점점 줄어드는 것 같더라고. 언젠간 코로나가 종식되어 자유로이 오갈 수 있을 그날을 생각하며, 내 IVSA 이야기를 해 줄게. 이 글을 통해 많은 학생들이 IVSA에 관심을 갖고 적극적으로 행사에 참여하게 되면 좋겠다.

내가 처음 참가한 IVSA 행사는 인도네시아에서 개최했던 'International Vet Volunteer Program' 이었어. 당시 한국인 참가자가 많지 않고, 10

일간 인도네시아 친구들과 함께 숙식을 해결하면서 지내야 했기 때문에 설렘보다는 두려움이 컸었지. 그러나 점점 같이 지내다 보니 나중에는 정말 친해지고 서로 장난도 칠 정도로 편한 사이가 되었어.

뿐만 아니라 한국에서는 예과생으로서 잘 해볼 수 없는 혈액 검체 채취 방법, 고창증 치료법, 주사 법 등에 대해서도 배울 수 있어서 수의학과 학생으로서도 뜻깊은 시간이었어.

IVSA 행사가 두렵거나, 외국인들과 대화하는 게 힘들다는 학생들에게는 이 프로그램을 정말 추천해. 봉사활동이기 때문에 formal 한 행사도 없고 인도네시아 친구들이 K-Pop과 K-Drama에 관심이 많아서 한국 수의대생들에게 상당히 우호적이거든.

나의 두 번째 IVSA 행사는 폴란드에서 열렸던 '67th IVSA Congress' 였어. 처음엔 그저 내 버킷리스트 중 하나였던 '동유럽 여행'을 하기 위해서 신청했었는데, 이 프로그램을 계기로 IVSA라는 단체에 푹 빠져버리게 됐지.

행사 초반에는 영어로 대화하는 것도 어색하고, 문화적 차이로 인해 대화를 쉽게 이어나가지 못했지만 시간이 지나면서 어색함은 사라지고 '수의대'라는 공통된 주제 하나로 뭉칠 수 있게 되었던 것 같아.

앞서 IVSA에 대한 설명에서 소개했던 GA(general assembly) 이외에도 Congress에는 Culture night, White t-shirt party, Formal dinner 등 다양한 활동들을 해. 각각에 대해서 짧게 소개해 주자면

· **Culture night**

Culture night은 각 나라별로 준비한 음식과 주류를 맛보면서 서로의 문화에 대해서 알아가는 시간이야. 음식 이외에도 다 같이 노래를 부르고 춤을 추며 서로 하나가 되는 행사의 하이라이트라고 할 수 있지.

· **White t-shirt party**

White t-shirt party는 congress 마지막 즈음에, 하얀색 티셔츠에 서로에게 하고 싶었던 말들을 쓰면서 그동안 친하게 지냈던 친구들과 마지막 인사를 하고, 헤어짐의 아쉬움을 달래는 행사야.

하얀색 티셔츠에 서로의 마음을 담아내다 보면 어느새 티셔츠가 한가득 글자로 차게 되는데, 난 아직도 저 티셔츠를 볼 때면 행사 당시의 기분이 되살아나서 미소 짓게 되더라고.

· Formal dinner

Formal dinner은 약 열흘 간의 행사를 마무리하는 자리로, 정장, 드레스 등을 차려 입고 다 같이 저녁을 먹는 자리야. 외국 영화에서 보던 prom 같이 서로 예쁜 옷을 입고, 춤추고 놀면서 사진으로 서로를 남기기도 하지.

이외에도 다양한 activity와 관광 등을 통해 '폴란드' 라는 나라에 대해서 깊

은 이해를 할 수 있었고, 수의학 강연과 실습을 통해서 수의대 학생으로서 다른 나라의 수의학 교육을 엿볼 수 있는 기회도 됐었어.

나는 이 Poland congress를 통해서 IVSA라는 단체의 매력에 빠져 이후 한국에서 열린 67th IVSA South Korea Symposium의 OC (organizing committee)와 13기 대표단으로도 활동했었어.

행사 자체가 좋았던 것도 있지만 IVSA에서 만난 사람들의 열정적인 모습을 보며 삶을 좀 더 적극적으로 살아야겠다는 동기부여가 된 것 같아. 이후 여러 가지 활동들에 도전하며, 새로운 시도들을 즐기게 되었어. 나는 아직도 IVSA를 접하지 않았다면 지금 내 삶이 어땠을까 생각해 볼 정도로 IVSA 활동을 기점으로 많은 것들이 바뀌었어. IVSA는 내 삶을 긍정적으로 바꿔준 활동이자, 내 수의대 생활 중 가장 행복했던 기억 중 하나야.

너희들도 수의대에 오게 된다면 IVSA 행사 한 번쯤은 꼭 참여해 보길 바라. 'IVSA를 한 번도 안 한 사람은 있어도 한 번만 한 사람은 없다'는 말처럼 너희들도 IVSA의 매력에 푹 빠지게 될걸!

IV

수의대/수의사에 대한 A to Z

1. 수의사의 전망은 어떤가요?

이다예 : 내가 수의대에 원서를 넣었을 때만 해도 수의사라는 직업이 대중적으로 널리 알려진 직업이 아니었어. 내 주변에서 수의대에 지원하는 사람이 나밖에 없을 정도로 수의대에 관심 있는 학생들이 적었거든. 그런데 해가 지날수록 반려동물에 대한 사람들의 관심이 커지면서 '수의사'라는 직업에 관한 관심도 커지고 있어. 요즘에는 사람들의 반려동물에 대한 관심에 발맞추어 관련산업, 미디어 시장도 커지고있지. 나는 이러한 추세가 계속 유지될것이라고 생각하기 때문에 '수의사'라는 직업 또한 전망이 좋다고 생각해!

다만 아직도 수의학 분야는 의학 분야에 비해 체계적이지 못하고, 미흡한 부분들이 많이 있어.

예를 들어서 최근 논란이 되었던 동물 자가진료에 대한 규제, 동물진료비 표준수가제[10] 처럼 인의에서만큼 발전하지 못한 법률, 규제로 인해 보호자와 수의사 간에 많은 의견 충돌이 이루어지고 있어.

수의학을 배운 우리의 입장으로 당연하다고 생각한 부분 중에 일반인들에게는 당연하게 느껴지지 않는 것들이 있더라고. 그런데 그런 부분들을 그저 말도 안 된다. 라는 생각에 그치는 것이 아니라 보호자들도 충분히 이해할 수 있게 논리적으로 설명을 하는 것도 우리 수의사의 몫이라고 생각해.

이종성 : 수의사의 전망이 좋다, 나쁘다고 단정지어서 말하기에는 너무 어려운 거 같아.

긍정적인 부분을 보자면 반려동물 시장이 점점 커지고 있고 이와 더불어서 반려동물에 대한 인식도 좋아지고 있다는 거야. 너희 '애완동물'이라는 말 들어봤지? '반려동물'이라는 용어를 쓰기 전까지 주로 '애완동물'이라고 많이 표기해왔어. 예전에는 사람에게 즐거움을 주기 위해 기르는 동물이라는 의미로 '애완동물'이라고 불렀던 말을 요즈음에는 사람과 함께 더불어 살아가는 존재라는 뜻에서 '반려동물'이라고 쓰고 있어. 단순히 용어가 바뀌었다고 느낄 수도 있는 부분이지만 나는 이러한 변화가 동물에 대한 사람들의 인식이 많이 변하고 있는 중이라고 생각해. 반려동물 인식이 좋아지면서 수의사에 대한 관심도가 자연스럽게 올라가고 이것이 수의학 분야에 긍정적인 영향을 미치고 있는 거 같아.

허재벽 : 수의사의 다른 분야들에 대해서는 다른 친구들이 더 자세하게 설명을 해 줄 테니까 나는 야생동물과 특수동물 쪽에 초점을 맞춰서 설명할게.

---

10) 동물진료비 표준 수가제 : 진료 항목별로 진료비를 일률적으로 정하는 것

우선 내가 생각하기에 야생동물 쪽에서 수의사의 전망은 갈수록 좋아질 것으로 생각해. 점점 원헬스에 대한 중요성을 많은 사람이 느끼고 있고, 원헬스의 관점에서 종 다양성을 유지하는 것은 매우 중요한 부분이거든. 종 다양성을 유지하기 위해서 수의사의 역할이 커질 수밖에 없다고 생각해.

또한 많은 사람이 반려동물로 키우는 동물의 범위가 늘어나고 있어. 내가 여러 파충류를 키우고 관련된 카페나 블로그를 보면서 느낀 건 정말 특수동물 시장이 커졌다는 거야. 내가 어린 학생일 때는 파충류 가게를 찾기도 힘들뿐더러 운영되는 시설도 그다지 좋지 못했지. 하지만 요즘에는 가게의 개수도 많아지고 가게별로 주력으로 삼는 특수동물의 종류가 세분되었어. 이렇게 특수동물 시장이 커지면 자연스럽게 특수동물 수의사에 대한 수요가 늘어나고, 전망은 좋아질 수밖에 없다고 생각해.

2. 수의사는 돈을 많이 버는 직업인가요?

박나단 : 동물병원에 처음 근무하는 인턴 수의사는 배우는 단계이기 때문에 초봉이 다른 대기업 평균(4,118만 원, 2020 잡코리아)과 비슷하거나 조금 낮은 수준이야. 하지만 다른 직업에 비해 월급 오르는 폭이 높은 편이고. 3년 차 이후부터는 능력에 따라 월급 차이가 나기 때문에 진료를 잘하면 잘할수록 월급이 높아진다는 장점이 있어. 만약 임상 대학원에서 석사를 졸업하면 인턴이 아닌 과장으로 취직하게 되는데 이때 초봉은 대기업보다 높은 수준이야.

허재벽 : 당연한 이야기이겠지만 수의사도 결국 자기가 일하는 만큼, 그리고 선택하는 진로에 따라서 돈을 버는 정도가 정해지는 것 같아.

같은 학력과 성적을 가진 두 사람이 있다고 하더라도 실제 필드에 나가서 얼마나 노력을 하고 운이 따랐는지에 따라서 벌어들이는 금액의 차이는 선배들의 이야기를 들어봤을 때 엄청나게 크더라고.

하지만 가장 궁금했을 이야기 중 하나인 먹고 살 만큼 벌 수 있냐는 말에는 확실하게 대답해 줄 수 있을 것 같아. 전문직인 수의사 특성상 면허증을 가지고 있기 때문에 어느 곳에 취직하든 최소한의 급여는 받을 수 있어.

나는 급여보다는 내가 원하는 일, 관심 있고 흥미가 있는 일을 하고 싶기 때문에 야생동물과 특수동물 수의사를 하고 싶어. 하지만 현재 한국에서는 야생동물 쪽 수의사분들은 모두 같은 졸업을 한 수의사분들에 비해서 매우 적은 급여를 받고 계시는 상황이야. 따라서 미래에 너희가 수의대에 오려는 이유에 어떤 것이 있는지 곰곰이 생각해 보고, 그거에 맞춰 진로를 정하면 좋을 것 같아.

3. 동물보건사는 무엇인가요?

허재벽 :

동물보건사를 간단하게 설명하자면, 동물병원에서의 간호사의 역할이야. 주로 동물보정 등 수의사 진료업무 보조 역할을 수행하게 되지. 지금까지는 '수의테크니션'이라고 부르는 직업을 가진 분들이 동물병원에서 간호사의 역할을 대신해 주었는데, 특별한 조건이나 자격증이 따로 있는 것은 아니었어. 그러나 2021년 8월에 수의사법에 '동물보건사' 항목이 신설되면서 자격시험을 통해 보다 전문적인 인력을 선발할 수 있도록 한거지.

동물보건사의 자격요건은 3가지가 있고 이 중에서 한가지 이상을 만족하면 동물보건사 자격시험을 볼 수 있어.

① : 전문대학 또는 이와 같은 수준 이상의 학교의 동물 간호 관련 학과를

졸업(6개월 이내 졸업 예정)한 사람

② : 평생교육기관의 고등학교 교과 과정에 상응하는 동물 간호에 관한 교육과정을 이수한 후 농림축산식품부령으로 정하는 동물 간호 관련 업무에 1년 이상 종사한 사람

③ : 농림축산식품부장관이 인정하는 외국의 동물 간호 관련 면허나 자격을 가진 사람

4. 수의학과가 비임상에 가지는 강점은 뭐가 있을까요?

이다예 : 흔히들 수의대 출신이 연구원이 되었다고 하면 '수의사 출신 연구원이면 주로 동물 관련 연구를 하겠네?'라고 생각하겠지만 이건 오해야.

물론 수의사가 동물실험 분야에서 다른 전공자들보다 유리한 것은 확실하지만, 동물 실험만을 수행할 수 있는 것은 아니야. 기초 임상을 비롯하여 의학, 수의학을 가리지 않고 다양한 실험에 참여가 가능해. 이는 수의학과에서 생물학, 유기화학, 면역학, 미생물학, 전염병학, 조직학, 생리학, 약리학 등 다양한 기초의학을 배우고 있기 때문이지.

'연구를 할 거면 일반 공대나 자연대에 가는 것이 낫지 않을까?' 생각할 수 있겠지만 연구분야에서 수의학 전공을 얻을 수 있는 이득은 생각보다 커. 기본적인 생물학적 지식도 타과 못지않게 배울 수 있고, 한 분야에 국한되지 않고 다양한 분야(ex) 약리학, 독성학, 생리학 등등) 를 두루두루 배울수 있기 때문에 똑같은 연구를 하더라도 좀 더 폭넓은 사고를 할 수 있지. 그리고 수의사 면허증을 소지하고 있다는 점도 동물실험 분야에서 큰 장점을 가져!

이종성 : 아마 너희들이 수의대를 생각한다면 동물병원에서 일하는 수의사를 가장 먼저 떠올릴 거야. 근데 수의학과의 커리큘럼을 보면 비임상 과목에도 많은 초점이 맞춰져 있다는 것을 알 수 있어. 수의학과의 과목은 크게 임상, 비임상 과목으로 나뉘는데, 임상과목은 내과, 외과처럼 환자를 직접적으로 치료할 때 필요한 학문이고, 비임상 과목이란 조직학, 해부학과 같이 임상의학의 기초가 되는 학문이야. 비임상 과목은 주로 본과 1~2학년, 임상과목은 본과 3,4학년 때 배우게 되어있어.

나는 수의사가 비임상으로 진출할 때 가질 수 있는 가장 큰 강점은 본과 2학년 때 주로 배우는 과목들인 공중보건학과 전염병학이라고 생각해.

왜냐하면 사람과 동물 사이에서 상호 전파되는 질병을 인수공통전염병[11]이라고 하는데 인수공통전염병 관리와 연구에 있어서 수의사는 전염병의 예방 역할이라는 큰 역할을 맡고 있기 때문이야.

---

11) 인수공통전염병 : 동물과 사람 사이에서 같은 병원체에 의해 전파되고 증상이 발생되는 전염병을 의미한다

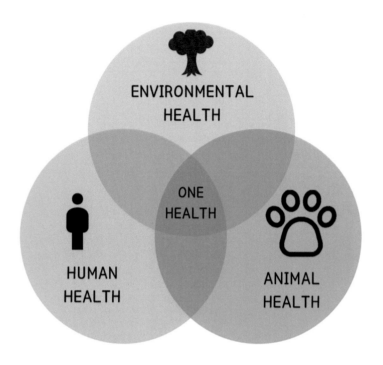

최근 들어 신종 전염병 중 '코로나 19'와 같은 인수공통전염병의 비중이 커지면서 원헬스의 개념이 강조되고 있어. 이에 따라 자연스럽게 수의사의 역할과 책임이 강조되고 공중보건학의 중요성도 훨씬 더 커지고 있지.

5. 수의대 졸업 후 진로와 준비할 점은 뭐가 있을까요?

박나단: 졸업 후 진로를 위해서 준비할 점은 진로에 따라 다르기 때문에, 자신이 원하는 진로를 찾은 후에 그것에 맞게 하는 것이 좋아.

만약 대학원을 가고 싶다면, 가장 중요한 것은 관심 있는 대학원의 교수님한테 미리 연락하는 거야. 만약 관심 있는 대학원이 생긴다면, 망설이지 말고 바로 교수님한테 정중하게 이메일을 드려서 면담을 요청하는 것이 엄청 중요해! 왜냐하면, 이를 통해 미리 준비해야할 점을 자세하게 알 수 있어. 처음 이메일 보낼 때, 내가 누군지도 모르시는데 과연 받아주실까라고 생각할 수 있어. 하지만, 교수님들은 보통 학생들의 관심을 환대하시니까 너무 걱정하지 않아도 될 거야.

이외에도 동물병원에서 바로 인턴수의사로 일하거나, 회사나 공무원같은 비임상분야에서도 일할 수 있어.

동물병원의 경우, 병원마다 분위기가 다르므로 너한테 맞는 병원을 실습을 해서 꼭 찾아보는 것이 중요해. 또한, 너가 가고 싶다고 생각하는 좋은 병원은 대부분 경쟁자가 있기 때문에, 실습을 해서 미리 원장님한테 눈도장을 찍는 것도 중요해. 비임상 분야도 갈 수 있는 곳이 너무 많고 회사나 공무원마다 하는 업무가 천차만별이기 때문에 실습을 통해 미리 경험해보는것을 추천해.

그러나 이러한 준비들은 본과 3, 4학년때 부터 해도 늦지 않아. 너무 이른 시기부터 진로를 하나로 정하려고하기 보다는, 6년이라는 시간을 충분히 활용하여 본인에게 맞는 방향을 찾길 바래.

6. 자신의 치료분야는 언제 정하나요?

이다예 : 수의학과에 오게 되면 본과 2학년 때까지는 기초수의학과 비 임상 과목 수업을 배우고, 본과 3학년에 올라가면 임상 과목 수업, 마지막으로 본과 4학년에 올라가면 여러 연구실을 돌면서 실습을 하게 돼 (이하 로테이션).

본과 4학년 때 하는 로테이션은 본과 3학년 때까지 배운 내용에 대한 실습 기회를 가져봄으로써, 본인의 치료 분야를 정하는 데 많은 도움이 돼. 그러나 본과 4학년의 실습 로테이션만으로는 본인의 치료 분야를 정하기 어려워. 따라서 많은 학생들이 방학을 이용하여 본인이 관심 있는 분야에 대한 추가적인 실습을 해봄으로써 치료 분야를 결정하곤 해. 나도 소동물 내과라는 분야를 정하는 데 영향을 준 요소들을 생각해보면, 학교 수업과 외부 세미나, 실습 등 여러 가지가 복합적으로 작용한 것 같아.

그런데 꼭 학부생 때 치료 분야를 결정할 필요는 없어. 내 주변에도 졸업 후

에 다양한 일을 해본 뒤 본인의 진로를 결정하는 경우가 많고, 또 선배 수
의사들을 봤을 때 한가지 직업만을 가지는 것이 아니라 정치, 연구, 임상 등
다양한 분야를 넘나들며 여러 가지 직업을 가지더라고.

7. 야생동물 수의사의 진로는 어떤 것이 있나요?

허재벽: 일반적으로 야생동물 수의사가 갈 수 있는 곳이 그렇게 한국 내에서는 많지 않아. 아무래도 아직 한국에서는 야생동물에 대한 인식 자체가 매우 적기도 하고 사람들의 관심이 적어서 그런 것 같아.

그중에서 내가 알고 있는 야생동물 수의사가 진출하는 곳을 몇 군데 말해볼게.

첫 번째로, 야생동물 구조관리 센터는 전국에 분포해 있고 한국의 야생동물을 구조, 관리하는 곳이야. 생각보다 도시에서도 다양한 야생동물들이 다치고 죽고 미아가 된 채로 발견돼. 이러한 야생동물들을 발견하고 사람들이 신고를 해주면 야생동물센터 수의사와 재활관리사 선생님들이 열심히 치료와 관리를 한 후 야생으로 돌려보내는 일을 하지.

두 번째로는, 종 복원 기술원이나, 생태원처럼 야생농물의 복지와 연구를 함께하는 곳도 있어. 종 복원 기술원은 한국 멸종 위기종인 반달가슴곰, 여우, 산양 등을 복원하는 곳이야. 반면에 생태원은 동물원과 전문 연구시설의 중간 느낌의 공간이야. 생태계 보전과 생물 다양성, 야생동물 다양성을 위해서 노력하는 기관이지.

마지막으로, 가장 흔하게 우리가 볼 수 있는 곳은 아쿠아리움과 동물원이야. 두 곳 모두 연구 목적이나 생태계 보전의 목적도 있지만, 관람과 여가에 좀 더 초점이 맞춰져 있는 기관들이라고 할 수 있지. 동물원의 동물들이 사람에게 전시된다고 해서 그 동물들의 관리가 소홀하면 안 되잖아? 그래서 수의사가 동물들의 상태를 가능한 건강한 상태로 유지하기 위해 노력하지.

8. 외국수의사가 되려면 어떻게 해야하나요?

외국이라 하면 보통 미국을 많이 생각하니까, 미국 위주로 설명할게.

우리나라 수의사 면허증이 있어도, 미국에서는 수의사 활동을 할 수 없기 때문에 미국의 수의사 면허증을 새로 따야 해. 미국의 수의사가 되기 위해서는 최종적으로 NAVLE(The North American Veterinary Licensing Examination) 라는 수의사 국가시험에 합격 해야 해. 하지만 이 시험은 누구나 볼 수 있는 것은 아니고, 이 시험의 자격을 얻으려면 3가지 경로가 있어.

1) 미국에 있는 수의대를 졸업한다.

2) 서울대 수의대를 졸업한다.

3) 한국에서 수의대를 졸업한 후 외국인들을 위한 ECFVG(The Educational Commission for Foreign Veterinary Graduates) 혹은

PAVE(The Program for the Assessment of Veterinary Education Equivalence) 프로그램을 통과한다.

이 세 가지 중에서 사실 어느 하나 쉬운 게 없지만, 이 중에서 가장 돈도 적게 들고, 가장 시간이 적게 드는 방법은 (2) 번 방법이야. (현재 국내에서는 유일하게 서울대 수의대만 미국 수의사 국가시험을 볼 수 있는 자격이 있어) (3) 번 방법은 한국에서 수의대를 졸업한 후에 3가지 시험을 추가로 통과해야 해. 1차로 영어시험, 2차로 기초과학시험, 3차로 실습 시험(2박 3일) 또는 임상 로테이션(1년)이 있어. 이 시험은 한 번에 통과한다 해도 몇 년의 시간과 상당히 많은 돈이 소요되기 때문에 쉽지 않은길 일 거야.

9. 대학원도 가야하나요?

이다예 : 나는 대학원에 가고싶어. 그리고 간다면 내과 대학원에 갈거야. 사실 이렇게 6년동안 공부하고, 또 대학원 진학을 결정하는 것이 쉽지는 않았어. 그럼에도 불구하고 내가 대학원에 가고싶다고 생각을 한 것은, 내 배움이 부족해서야. 6년동안 공부했는데 뭘 또 배우냐고? 세상에는 공부할 것이 참 많은 것 같아. 배워도 배워도 계속 공부할 것들이 보이거든.

특히 나는 특히 내과를 전공으로 삼고싶기 때문에 대학원 생각이 더 많아졌어. 인의에서는 내과가 소화기, 순환기, 내분비, 호흡기 등 세부적으로 분과되어있지만 수의에서 이 모든 것을 다 할 줄 알아야하거든. 그래서 더욱 공부해야하는 것들이 많지.

이렇게 공부할 것이 많은 내과를 왜 대학원으로 가고싶냐고? 나는 동물들의 임상증상, 병력, 신체검사 등을 바탕으로 질병감별목록을 작성하고 하나씩 룰아웃해나가는 과정이 재밌었어. 어디가 아픈것일까 생각하는 과정이 마치 퍼즐 맞추기 같았거든.

그리고 내과에서 많은 내용을 배우는 만큼 내가 생명이 위급한 아이들에게
많은 도움을 줄 수 있을 것이라는 생각이 들었고, 이는 내가 처음 수의사가
되고자 한 목표와도 잘 부합한다고 생각했어.

박나단 : 비임상에서 연구 분야로 갈려면 대학원에 진학하는 것이 좋다고
생각해. 수의대 학부 과정 중에서도 연구나 실험에 대해서 배우긴 하지만
기초적인 내용 위주로 배우기 때문에 실제 연구를 위해서는 더 많은 공부
가 필요하거든. 나 또한 졸업 후에 백신이나 신약에 대해 연구하는 기초 의
학 대학원에 갈 의향이 있어.

아마 기초 의학이라는 단어가 많이 생소할 거야. 나도 대학교 와서 처음 들
었던 단어였거든. 이에 대해 간략하게 설명해 보자면, 의학은 크게 기초의
학[12](의과학)과 임상의학[13](의술) 두 가지로 나눌 수 있어. 예를 들어, 병에
대해 효과적인 새로운 약을 개발하는 것이 기초 의학이고, 진단을 통해 알
맞은 약을 처방하고 수술하는 것이 임상의학이야.

기초의학 대학원에는 2가지 장점이 있어. 첫 번째, 외국, 수의대. 의대 어디
에든 있고 전공의 종류가 매우 다양하기 때문에 선택의 폭이 매우 넓어. 두
번째, 기초의학에 대해서 수의학과가 다른 생물 관련 학과보다 훨씬 다양
하게 배우기 때문에 대학원에 지원할 때 우대받을 확률이 커.

김요환 : 나는 공대나 경영대 대학원에 진학할 생각이 있어. 그 목적은 창업

---

12) 기초의학 : 의술의 기초가 되는 이론으로써 실험적 연구를 통하여 장기나 질병을 탐구하는
영역
13) 임상의학 : 의사들이 환자들을 치료할 때 쓰는 의술에 대한 이론적 그리고 실천적인 학문

을 하기 위한 것인데 각각 이유는 다음과 같아.

첫 번째로, 공대의 경우, 특히 컴퓨터 공학 대학원 진학을 고려하고 있어. 나의 핵심 역량이 '수의학'과 '프로그래밍'인데, 프로그래밍은 내 전공 분야로 배운 것이 아니라, 프로그래밍 역량을 소개하기엔 부족함이 있더라고. 수상 경력이 있어서 어느 정도 인정이 되긴 하겠지만 전문가라고 말할 수 있으려면 대학원에서 배울 수 있는 전문적인 지식이 필요할 것 같아.

두 번째로, 창업하면 투자나 지원을 받아야 하는데 그때 은근히 많이 평가되는 게 학력이야. 투자나 지원은 개인적인 심리나 선호 등이 관여되지 않도록 다양한 평가 기준이 있어서 채점표에 OX나 점수로 평가가 돼. 그런데 그 평가 기준에 학력이 들어있어. 특이한 점은 그 학력이 대학 서열이라기보다는 학사, 석사, 박사로 구분한다는 거야. 그래서 석사를 수료하는 게 좋은데 학부 때 과학기술을 배웠기 때문에 석사 때는 경영을 배우고 싶어. MBA[14]가 특히 온라인으로 수료할 수 있는 곳이 많아서 수의사를 하면서 공부할 수 있어서 시간 활용에 좋을 거로 생각해서 MBA를 목표로 하고 있어.

---

14) MBA(Master of Business Administration) : 이론보다 실전에 중점을 둔 경영학 석사, 이론에 중점을 둔 경영학 석사는 MS(Master of Science)나 MA(Master of Arts) 라고 한다.

10. 수의대는 군대 문제를 어떻게 해결하나요?

수의대생은 일반 군복무 이외에도 군대 해결 방안이 2가지가 있는데, 첫 번째가 '공중방역 수의사'로 대체복무를 하는 것이고, 두 번째가 '수의 장교'야. 이 2가지는 하는 일도 다르고, 월급도 달라. 지금부터 이 2가지에 대해 더 자세하게 설명해줄게.

첫 번째, 공중방역 수의사는 공무원 신분이 되어 3년간 대체 군 복무를 하는 거야. 주로 가축전염병 백신 관리 및 배부, 축산물 관련 업무, 기타 가축전염병 업무 등등의 업무를 맡고 있어. 복무 기간은 일반 병사보다 길기는 하지만 공무원이기 때문에 월급은 공중방역수의사에 관한 법률상 중위 1호봉을 받게돼. 이는 일반 병사보다 매우 많이 받는 편이야. 또한 부대에서 생활해야 하는 군대와는 달리 직장처럼 집에서 출퇴근하기 때문에 개인 시간을 병사보다 자유롭게 가질 수 있어. 근무할 수 있는 지역은 전국 각지에 매우 다양하게 있기 때문에 추첨을 통해서 순번을 정하고 순번 순서대로 원하는 지역을 고르는 방식으로 하고 있어. 만약에 운이 안 좋다면 원하지 않는 지역에 갈 수 있지만, 1년이 지난 후에는 다른 지역으로 바꾸는 것이 가능하다고 해.

두 번째, 수의 장교는 군인 신분이지만 임관할 때는 중위, 전역할 때는 대위라는 높은 지위를 가진 장교야. 주로 군견 진료, 군대 식자재 검사, 방역 업무 등등의 업무를 맡고 있어. 하지만 공중방역 수의사와 달리 군대에서 생활해야 하고 기간도 3년 이기 때문에 공중방역 수의사에 비해 안 좋다고 생각하기 쉽지만, 의미 있는 업무도 많이 하고, 다양한 사람들과 아주 친해질 수 있다는 장점도 있어.

추가로 수의대생만이 지원 가능한 것은 아니지만 '전문 연구 요원'과 '수의병'을 통해서도 군문제를 해결할 수 있어. 이에 대한 설명은 실제 복무중인 분들의 인터뷰를 통해 설명해줄게!

공중방역수의사 -밀양시청 서상혁

Q1."공중방역수의사"란 무엇인가요?

"공중방역수의사"는 수의사 자격을 가진 경우 가축 방역업무에 종사하여 병역의무를 대체하는 제도입니다. 이는 국가와 지방자치단체의 가축 방역 업무를 효율적으로 지원하게 하고, 축산업의 발전과 공중위생의 향상에 이바지하고자 만들어진 제도입니다.

공중방역수의사는 크게 시 군청 소속, 각 도의 시험소 소속, 그리고 농림축산검역본부 소속으로 나눌 수 있습니다. 주 업무는 소속 기관에 따라 차이가 있으며, 가축전염병 예방과 축산물위생관리, 동물검역 등의 업무에 종사합니다. 일반적으로 흔히 생각하는 동물병원에서 개나 고양이 등의 반려동물을 진료하는 수의사와는 많이 다른 모습입니다.

공중방역수의사의 신분은 농림축산식품부에 소속된 임기제 공무원이며, 매년 150명 정도 선발됩니다. 의무복무기간은 약 한 달의 군사 교육 소집기간 외에 3년입니다. 군사교육은 논산 육군훈련소에서 진행되며 수의사뿐만 아니라, 공중보건의사가 될 의사, 치과의사, 한의사 등과 함께 진행됩니다. 급여의 경우 군인 보수 중 중위 계급을 기준으로 하며, 본봉에 기타 수당을 합치면 매월 200만 원에서 300만 원 정도의 급여가 지급 됩니다.

Q2. 다른 군 복무 방법에 비해 가질 수 있는 장단점은 무엇인가요?

여러 가지 장점이 있겠지만, 일반적인 군 생활에 비해서 자유롭다는 점을 먼저 말씀드리고 싶습니다. 공중방역수의사는 군인 신분은 아니므로 일반적인 공무원의 생활과 비슷합니다. 현역병보다 비교적 높은 급여를 받으며, 업무 외 시간은 자유로워 다양한 활동을 할 수 있습니다. 예를 들면 저는 복무와 함께 검도를 시작했으며, 그 외에도 근무지를 제주도로 선택하여 서핑을 하거나, 강원도로 배치 받아 승마와 스키를 취미로 즐기는 예도 있습니다.

또한 수의직 공무원의 생활을 간접적으로 경험해 볼 수 있어 진로 선택에 도움이 된다고 생각합니다. 공중방역수의사로 복무하면서 다양한 축산관계자분들을 만날 수 있었는데, 농장주나 공수의사 등 많은 분들과 업무적으로 교류하면서 값진 경험을 할 수 있었습니다. 가축전염병 방역업무를 수행하면서 산업 동물을 접할 기회도 많아, 추후 대동물과 관련된 업무 시 유의미한 도움이 된다고 생각합니다. 소소한 장점으로는 운전 실력이 좋아집니다. 타 시군으로 출장 갈 일 도 있고, 지역 내 농가가 비교적 외진 곳이라 운전이 많이 늘었습니다. 저는 공중방역수의사로 복무하면서 처음 운전을 시작했습니다.

단점으로는 현역병의 복무 기간이 18개월이지만, 공중방역수의사의 경우 그 두 배 정도의 36개월의 긴 기간 복무 합니다. 해당 기간 동안 반려동물 임상 진료와 관련된 업무를 할 수 없다는 점이 큰 단점이라고 생각합니다.

Q3. 그 외 하고 싶은 말이 있나요?

처음 공중방역수의사로서 근무할 때는 모든 것이 낯설었습니다. 행정공문을 쓰는 것도 어려웠고, 예산을 지급하기 위해 관련 프로그램을 사용하고, 전염병 관련 통계 자료를 작성하는 것도 상당히 버거웠습니다. 한여름 종일 결핵병에 걸린 소들을 살처분 한 적도 있고, 브루셀라가 발생하여 타 기관과의 방역 대책 회의도 참석했었습니다. 그렇지만 많은 분의 관심 어린 도움으로 이제 업무가 조금은 적응된 듯합니다. 이 자리를 빌려 많은 분께 고맙다는 말을 전하고 싶습니다.

많은 분이 수의대에 처음 진학할 때 반려동물 임상을 희망할 것입니다. 저 또한 반려동물 임상을 추후 진로로 생각하고 있어서 복무기간 동안 해당 진료를 할 수 없어 다른 동기에 비해 뒤처지는 것 같아 심적으로 힘들었습니다.

하지만, 공중방역수의사를 통해서 배울 수 있는 점도 많이 있었습니다. 수의사로서 갈 수 있는 길이 반려동물 수의사뿐만 아니라 다양한 일이 있다는 것을 알게 되어 기존 진로에 관한 생각도 많이 바뀌었습니다. 3년의 세월이 길다고 할 수 있지만 그렇다고 너무 조급해할 필요는 없다고 생각합니다. 수의사가 할 수 있는 경험 중 비교적 여유가 있는 시기이니 다들 좋은 경험 많이 하셨으면 좋겠습니다.

수의장교 - 허승훈

Q1. "수의장교"란 무엇인가요?

수의장교는 군대의 비전투손실을 예방하기 위해 식품위생검사, 수질검사, 위생점검, 방역활동, 전염병 역학조사에 대한 임무수행을 하며 더불어 군견, 군마에 대한 진료를 실시합니다.

수의장교의 복무기간은 6주간의 기초 군사훈련과 병과교육을 받은 후부터 36개월동안 복무를 하게 됩니다. 급여는 중위 1호봉 월 1,890,200원부터 시작하며 다른 장교와 봉급은 동일하게 지급됩니다.

Q2. 다른 군 복무 방법에 비해 가질 수 있는 장단점은 무엇인가요?

우선 장점에는 4가지가 있습니다.

1) 1년에 부여받는 휴가 일 수가 21일로 공중방역수의사나 수의병보다 많다.

2) 군 숙소를 제공받을 수 있으며, 주거비용을 저렴하게 이용 가능하다.

3) PX, BX로부터 식자재, 생활용품을 저렴하게 구매하여 생활비 절약이 가능하다.

4) (선택) 학부생 때, 군 장학생으로 지원하여 학습 지원비를 제공받을 수 있다.

그 다음으로 단점은 크게 3가지가 있습니다.

1) 군인이라는 신분적 제약이 있다.

2) 공중방역수의사에 비해 연봉이 적다.

3) 다른 군복무와 비교했을 때, 군복무 기간이 길다.

Q3. 그 외 하고 싶은 말이 있나요?

군 장병들의 비전투 손실이 일어나지 않도록 오늘도 힘써주시는 대한민국에 단 160여명만 존재하는 수의장교를 응원합니다.

전문연구요원 - 울산대학교 서울아산병원 비교병리학 연구원 석주형

Q1. "전문연구요원"이란 무엇인가요?

정식 명칭은 '전문연구요원'이고 전문연구요원은 크게 두 가지로 나뉘어. 석사 전문연구요원, 박사 전문연구요원. 석사 전문연구요원은 석사 이상 학위를 취득한 이후에 병역특례 지정 연구소에 취직해서 일을 해. 이걸 전문연구요원 편입이라고 하는데 편입은 연구소 각각 가진 T/O가 달라. T/O만 있다면 일반 직원이랑 똑같이 지원하고 합격해서 편입할 수 있어! 의무복무기간은 36개월이고, 한 달 동안 군사훈련은 받아야 해서 빡빡이는 한 번 해야 해!

Q2. 다른 군 복무 방법에 비해 가질 수 있는 장단점은 무엇인가요?

연구직을 지망하는 경우에는 복무 기간 동안 연구자로서 경력을 쌓을 수 있다는 장점이 있어. 특히 비임상을 지망한다면 공방수 36개월 대신 연구

경력 36개월이 생기는 샘이어서 굉장히 매력적인 선택지가 될 수 있어. 받는 돈은 회사마다 다르지만, 일반적으로는 공방수랑 비슷한 정도의 월급이 나올 거야. 만약 수의사 석사라면 편입이 안 될 걱정은 안 해도 돼. 벤처기업이라도 편입은 할 수 있어. 단점은 딱히 없는데 석사나 박사 기간동안 엄청 힘들다는 거...?

Q3. 그 외 하고 싶은 말이 있나요?

박사 전문연구요원은 학위과정 중인 연구실에서 박사과정을 이어서 할 수 있는데 T/O가 한정되어 있어서 텝스 점수로 경쟁을 해. 박사과정 '수료' 후 편입해서 36개월간 해당 연구실에서 연구하면서 박사과정을 졸업해. 박사까지 할 예정이라면 좋은 선택지인데 석사 2년 박사수료 2년 박사전문연 3년 총 7년이 필요한 만큼 고민을 많이 해봐야 해.

수의병 - 강승우

Q1. "수의병"이란 무엇인가요?

수의병은 기본적으로 대한민국 육군, 그중에서도 의무병과 소속이다. 모든 육군은 복무기간 (18개월)과 급여(이병기준 45만원 병장기준 60만원)가 동일하고 그에 포함되는 수의병 또한 이를 따른다.

수의병은 입대하게 되면 충남 논산의 육군훈련소에서 모든 육군들과 공통으로 5주간 훈련을 받게 되고, 일반 보병•포병 등과는 달리 특기를 가진 보직이기 때문에 앞의 훈련을 마친 후 대전 자운대에서 특기교육을 5주간 더 받는다. 이 과정들은 각자 느끼기 나름이겠지만 본인의 경우 앞의 5주는 짧은 살아온 인생 중에서 길고 고단한 시절로 남았고, 뒤의 5주는 인생에서 즐겁고 영혼이 풍족했던 시간으로 기억되고 있다.

수의병은 주로 배치되는 부대에 따라 군견 병원 격인 곳에서 군견 치료 보조 등의 업무를 할 수도 있지만, 거의 대다수의 수의병들은 부대의 식품/수질 위생 관리와 방역의 업무를 한다. 또한 업무 특성상 자신이 소속된 부대 밖에서 보내는 시간이 많은 보직이다. 또 시즌제 업무가 대다수인 만큼 상대적으로 비시즌 기간에는 부여된 업무가 많이 줄어든다. 부대 사정에 따라 일과 중 본인 재량의 활동이 가능할 수도 있다.

Q2. 다른 군 복무 방법에 비해 가질 수 있는 장단점은 무엇인가요?

수의학과 학생으로서, 또 국방의 의무를 명받은 국민으로서 우리는 공중방역수의사라는 대체 복무의 길이 열려있다. 두 가지의 갈림길에 있다고 생각되는데 그게 아니라도 한 번쯤 비교해 보고 싶은 사람들을 위해 세 가지 관점으로 비교해 본다.

첫 번째는 돈이다. 공방수 대체 복무 시 복무 기간 동안 꽤 큰돈을 모을 수 있다. 총 군 복무기간 동안의 급여를 모두 모았을 때, 어림잡아 공방 수는 병사보다 8배가량 더 많은 돈을 가진다. 병사가 복무 기간 중 지출이 거의 없고 공방 수는 이래저래 쏠쏠한 고정지출이 발생하더라도, 절대적인 수입 면에서 공방 수가 단연 유리하다.

두 번째는 기간이다. 병사 18개월에 공방수는 36개월이다. 한 학년 후배가 병사로 복무한다면, 공방 수로복무하는 선배보다 1년 먼저 전역한다. 따라서 불리한 금전적 조건을 흔쾌히 받아들일 수 있다는 의견도 많다. 왜냐하면 조금 더 빨리 일을 시작하여 충분히 보상받는다고 생각할 수 있기 때문이다.

세 번째는 생활이다. 관점에 따라 공방수 대체 복무는 군 복무 이상의 의미를 갖기도 한다. 공부에 치이는 대학생과 업무에 치이는 수의사 사이의 황금기로 여겨지기 때문이다. 이런 시간이 필요하다고 여겨진다면 본인도 공방수를 적극 추천한다. 그렇다고 병사 기간은 힘들고 암울하기만 하느냐 묻는다면 그것도 아니라고 말하고 싶다. 본인은 규칙적인 생활과 건강한 습관에 몸과 마음의 평화를 찾았다고 느낀다. 물론 다방면에서 절대적인 규칙에 강제되는 게 많은 만큼 억압받고 구속된다고 느끼는 건 필연적이다. 겪어보지 못한 환경에 불합리하고 비효율적이라는 인상도 받을 수 있다. 하지만 여러 조직에서 군필자를 선호하는 만큼, 이러한 환경에서 조직에 통용되는 룰을 익히는 데에는 매우 유리하다고 생각한다.

Q3. 그 외 하고 싶은 말이 있나요?

자신에 주어진 상황을 꼼꼼하게 살피고 필요한 것을 취하기 바란다. 또 항상 따뜻하고 긍정적인 마음을 가진 어떠한 길에서도 빛나는 당신이기를!

IV

부록

부록 4. 한방 수의학 - 이종성

너희 한방 수의학에 대해 들어본 적 있니? 한방 수의학이라는 말이 생소할 수도 있는데 말 그대로 한의학적 치료법을 활용해 동물을 치료하는 학문을 의미해. 한의원과 마찬가지로 한방 수의학에서도 뜸과 침을 이용해서 동물들을 치료하고 있어. 최근 들어서 점차 동물 병원에서 재활, 디스크 치료 등에 한방 수의학을 접목시키고 있고 보호자들이 한방 수의학에 관심을 많이 가지고 있는 중이야. 하지만 아직까지 한방 수의학을 가르치는 학교는 전국에서 2개 정도의 학교뿐이고 한방 수의학을 배우려면 졸업 후에 수의사들을 대상으로 교육하는 전통 수의학회에서 공부한 후 한방 치료를 할 수있게 돼. 우리 학교에서는 한방 수의학 수업을 들을 수 없었는데 나는 한방 수의학을 알아보고 싶어서 '아큐브'라는 수의 침술 동아리에 가입하게 되었어. 아큐브는 한의학이 수의학에서는 어떻게 적용되고 있는지를 공부하는 학술 동아리야. 선후배들이랑 같이 혈자리나 음양오행 등 한방의 기초적인 지식을 공부하고 간단한 침이나 뜸 실습을 하면서 한방 수의학을 공부할 수 있었어. 실제 강아지에 침을 놓는 거는 너무 위험하기 때문에 강아지 모형을 이용하거나 실제 한방으로 치료를 하는 동물 병원이나 한의학 연구소 등으로 견학을 가서 한방 수의학을 실습해 볼 수 있었어. 비록 수업을 전문적으로 들은 것은 아니었지만 동아리 활동을 통해 한방 수의학에 더 관심을 가지게 되었고 더 공부하고 싶은 마음이 들어서 한의학과 수업을 교류를 통해 들어 보기도 했어. 실제로 수업을 들어보니까 한의학이라는 학문을 수의학에 접목시키려면 공부를 정말 많이 해야겠다는 생각이 들더라고. 그래서 졸업 후에 기회가 된다면 전통 수의학회를 통해 자세히 공부해 보고 싶다는 마음이 들었어.

아래 사진은 동아리에서 한방 수의학을 공부할 때 이용한 동물 혈자리 모형이야.

V

수의대에 진학하고 싶은
그대를 위해 (수의대 입학)

1. 어떤 성향을 가진 사람이 입학하는 것이 좋을지 궁금합니다 (입학할 때 마음가짐, 수의대 자질로 중요한 것)

박나단 : 나는 개인적으로 단순히 '수의사'라는 직업에 목표를 둔 사람보다, '생명을 살리기 위한 수의사'처럼 삶의 방향성에 목표를 둔 사람이 입학하면 정말 좋다고 생각해.

사실 '수의사'라는 직업만 보고 입학한 동기들 중에 후회하거나 힘들어하는 경우를 많이 봤어. 왜냐하면 수의사가 좋은 직업이지만, 너의 환상과 달라서 후회를 느낄 수도 있거든. 또한 수의사가 되기 위해서, 되고 나서도 정말 많은 공부와 노력을 해야 하기 때문에 절대 쉽지 않은 길이지.

하지만 만약 네가 '생명을 살리는 수의사' 또는 '다른 사람들한테 도움을 주는 수의사'와 같이 정말 뚜렷한 방향성을 가지고 있다면 이러한 과정을 버티고 열심히 노력하는 데 큰 도움이 될 거야. 예를 들어, 나는 '다른 사람들한테 도움을 주는 수의사'라는 방향성을 가지고 수의대에 왔기 때문에 힘든 대학 생활을 버틸 수 있었고, 앞으로도 더욱 열심히 노력하기로 할 수 있는 계기가 되었어.

수의대에 오고 싶다면, 나는 꼭 이러한 수의사가 되겠다는 것에 대해 한 번쯤 진지하게 생각해봤으면 좋겠어.

김요환 : 나는 복합적으로 사고할 수 있는 능력이 있는 학생이 수의대에 오면 정말 좋을 것 같아. 사람은 본인이 아픈 걸 알고 병원을 오지만 동물은 보호자가 환자의 이상을 감지한 다음에서야 병원을 오게 돼. 보통 동물은 본인의 아픈 점을 숨기기 때문에 동물의 상태가 악화하여 복합적으로 문제가 생긴 후에 병원에 오는 경우가 많아. 그래서 많은 문제점에 대해서 고려하고 치료 순서를 정하는 등 복합적인 사고능력을 요하기 때문에 그런 능력을 가진 학생들이 오면 좋지.

이다예 : 나는 '동물을 사랑하는 마음'을 가지고, '공부에 흥미'를 느끼는 사람이 수의대 오면 정말 좋을 것 같아.

첫 번째로, '동물을 사랑하는 마음'은 수의학과가 동물을 다루는 학과이니만큼 기본적으로 가지고 있어야 하는 덕목이고,

두 번째로, '공부에 대한 흥미'는 내가 학교생활을 하면서 많이 느낀 부분이야. 동물을 사랑하는 마음도 중요하지만 어려운 수의대 커리큘럼을 이수하기 위해서는 공부 자체에 대한 흥미도 중요한 것 같아. '동물을 치료하겠다는 마음이 있으면 어려운 공부도 견딜 수 있지 않겠냐' 할 수도 있는데, 그 마음 하나만으로 6년의 공부를 버티기는 힘들어. 그래서 공부 자체에 어느 정도 흥미를 느끼는 사람이 수의대에 오는 것을 추천해.

허재벽 : 수의대는 분야마다 다르지만, 많은 학생들이 진로로 선택하는 소동물 임상분야의 경우 '소통 능력'이 가장 중요하지 않나 싶어.

단순히 공부를 열심히 하고 동물을 좋아한다고 해서 소동물 임상을 잘하는 것은 아닌 것 같아. 소동물 임상을 선택하게 된다면 아픈 환축의 보호자와 소통을 해야 하고, 다른 자영업자와 마찬가지로 서비스적인 부분들이 중요할 수밖에 없거든. 이때 말을 하는 기술이 부족하고 진행해야 하는 검사나, 치료를 보호자에게 설득하지 못한다면 문제가 생길 수밖에 없어.

당연히 수의대에 와서 모두가 소동물 임상을 하는 것은 아니야. 나도 졸업 후에 하고 싶은 일이 소동물 임상이 아니거든. 다만 많은 친구들이 소동물 임상 수의사를 생각하고 수의대를 입학하기 때문에 내가 보호자와의 소통을 정말 잘할 수 있는 성격인가에 대해서 고민을 해보고 결정을 하면 좋을 것 같아.

2. 수의대 10개 대학교 별 차이점은 뭐가 있을까요?

건국대

건국대는 유일한 사립대이며, 경북대와 더불어 수의대에서 논술전형이 있는 몇 안 되는 학교야. 건국대 하면 축산이 떠오를 정도로 건국대 내에서 축산 분야를 밀어주는 분위기가 있고, 인지도 면에서도 우수해. 서울에 위치해서 좋은 접근성이 장점이지만 다소 부담스러운 등록금은 단점으로 꼽혀. 건국대는 임상과 산업동물에 강점을 보여. 건국유업으로 대표되는 산학협력 기업들을 가지고 있고 여기서 발생한 수익 중 일부는 장학사업에 쓰여. 그리고 건국대 내에서 수의학과는 글로벌 리더 장학을 포함하여 여러 가지 혜택을 지원해 주는 학과이고, 수의대 내부적으로 내리사랑 장학금, 이혜선 장학금 등 많은 장학제도들이 잘 마련되어 있어. 건국대학교 수의과대학 학생 봉사단 '바이오필리아'(Biophilia)는 해외 수의료 봉사를 하며 교내 프로그램을 통해 국외에서도 활동할 수 있다는 장점을 가지고 있어.. 그

외에 다양한 기업과 협업을 하여 동물 모형 실습, 시뮬레이션, VR 수술 등 다양한 사업을 시도하고 있어.

강원대

강원대는 산이 많은 곳에 위치해있다 보니 야생동물에 강점을 보여. 강원대 야생동물구조센터의 시설은 국내 최대인데, 구조센터는 175평, 부속시설은 1890평으로 79종의 진료장비를 보유하고 있어. DMZ에 가까이 있어 산양, 독수리, 올빼미, 부엉이, 너구리 등등 많은 야생동물이 구조되어오기 때문에 많은 경험을 할 수 있고, 많은 것을 배울 수 있어. 강원대는 춘천캠퍼스, 삼척캠퍼스, 도계캠퍼스로 나누어져 있는데 수의대는 춘천캠퍼스에 위치해있어. 최근 3층 규모의 수의학관, 동물 병원을 동시에 준공하면서 국내에서 손꼽을 만한 시설을 자랑하고 있고, 다른 수의대에서는 없는 '실시간 수술 참관 시스템'을 갖추었어.

경북대

경북대는 AAT라는 독자적인 논술시험이 있어. AAT는 수도권 대학들의 논술시험과는 차이가 있으며, 장문의 서술형의 성격보다는 중간 정도의 다소 짧은 서술형이야. 경북대 수의학과는 기본 수의학 과목 외에도 돼지 질병학, 말의학, 병원관리학, 피부 질병학 등의 특화된 강의가 있어. 교육역량 강화사업을 통해 2차 동물 병원 견학, 말 산업 견학 등 산업체 견학과 학생 실습비 지원 등이 가능해. 말하면 대부분 제주대라고 알고 있지만 경북대에 말의 학연구소가 위치해 있고, 이곳에서 말의 유전 자원, 질병, 재활승마 등에 대한 연구를 하고 있어.

경상대

경상대학교 수의과대학 캠퍼스는 경상남도 진주시에 위치하고 있어. 진주라는 위치상 부산과 대구, 창원 등 대도시로부터의 지리적 접근성이 좋기 때문에 다양한 케이스들이 대학교 동물병원으로 오고 있어. 또한 바다와 가깝고, 산업동물 농가가 주변에 많아 수생동물과 산업동물이 특화되어있기도 해. 남해 내수면 양식장을 포함해 민물어류, 해양 어류의 부화장, 국립 수산과학원 및 해양연구소 등에서 수생동물 관련 현장학습을 실시하고 있고, 경상대 부설 동물농장에서 산업동물 관련 실습이 진행되고 있어.

경상대학교의 가장 큰 장점은 과끼리 협업을 한다는거야. 예를 들어 질병을 진단하기 위해 임상실험실 뿐만 아니라 비임상 실험실(예; 세균, 생화학 등)과도 협업을 하고 있어서 진단부터 치료까지 전 과정을 체계적으로 볼 수 있어서 좋아. 최근에는 피부과 내과 교수님을 모시는 등 과도 조금씩 세분화되고 있는 추세야.

서울대

서울대학교는 수원 캠퍼스에 있었지만 관악 캠퍼스로 이전하면서 매우 우수한 시설을 갖추고 있어. 쿼터제를 도입하여 1년의 학사과정을 4개의 쿼터로 나누고 1년 동안 배우는 과정을 3개의 쿼터 내에 배우도록 하여 이론 수업을 본과 3학년까지 모두 끝마치도록 하고 있어. 이를 통해 본과 4학년에는 부속 동물원 등 각종 실습을 통해 학생들의 임상 능력 증진에 집중할 수 있어. 본과 3학년과 4학년 사이의 겨울방학 없이 바로 로테이션 과정이 시작되며, 대학 부속 동물 병원에서 22주, 본인이 선택한 외부 기관에서 10주간 실습하고 하반기 12주 동안 심화실습과정을 진행해. 서울대 평창 캠퍼스를 통해 산업동물에 대한 대규모 시설을 갖추고 있으며 해당 시설은 다른 학교 수의학과에서도 정기적으로 실습할 때 사용할 정도로 우수한 시설이야. 임상 분과가 세분화되어 있는 것도 서울대 수의학과의 특징인데 기본적인 내과, 외과뿐만 아니라 안과, 치과, 마취통증의학, 피부과 등의 특징적인 분과가 존재해. 그리고 아시아 최초로 미국 수의 사회(AVMA) 인증을 획득하면서 미국 수의사 면허 시험을 바로 볼 수 있는 것도 큰 장점이야.

전남대

전남대는 방역과 검역 부분에 많은 선배들이 진출해있어. 의무 실습시간이라는 것도 독특한데, 실험실에 1년 동안 실험/수술 보조를 하거나 외부에서 12주간 실습을 해야 해. 캡스톤 디자인을 통해 학생들이 각 과목과 연관된 상황에서 부딪칠 수 있는 문제를 해결할 수 있는 능동적인 수의사의 자세를 배울 수 있도록 하기도 해. 부속 동물 병원을 신축하고 있는데, 2021년까지 지하 1층 지상 5층으로 이루어진 동물 병원을 완공할 예정이야. 그리고 곧 야생동물질병관리본부가 전남대가 위치해있는 광주에서 운영될 계획이야. 이름이 야생동물이라 야생동물관리라고 생각할 수 있지만 야생동물의 질병을 관리하여 방역과 검역 부분을 담당하는 부서야.

전북대

전북대는 전주에 있지만, 전북대 수의대는 익산에 특성화 캠퍼스라는 캠퍼스에 위치해 있어. 그래서 수의과대학 전용 시설들이 많은데, 기숙사 포함하여 도서관, 체육관, 운동장, 동아리실 등을 가지고 있어. 전북대는 다양한 교육 기회들이 특징인데 계절제 산학협력 현장실습생을 모집하여 3학점 또는 6학점을 인정해 주기도 하고, 야생동물 질병 전문 인력 양성 심화교육, 가금류 질병 방제 연구센터 현장학습 등이 있어. 전북대 학생만 참여가 가능한 것도 있고 타대 수의대생들도 참여가 가능한 것도 있어. 가금류 질병 방제 연구센터가 있는 것에서 알 수 있듯 전북대는 가금류에 특화되어있어. 그 외에 몽골의 국립농업대 외 MOU를 체결하여 전북대학교 의대, 치대와 함께 해외 의료봉사를 진행하고 있어.

제주대

제주대는 말과 수생동물이 특성화된 수의대야. 국내 유일하게 말 전문병원을 보유하고 있는 수의과 대학이고, 계절학기로 말임상실습, 승마 등이 있는데 해당 과목은 방학은 이용해서 다른 학교에서 계절학기로 수강하는 등 인기 과목이야.

교육부 대학 특성화 사업을 통해 말 6차 산업 창의인재 양성사업을 진행해서 오사카와 도쿄의 크레인 승마클럽과 일본 농공대학, 일본 중앙경마회(JRA), 말산업 패션상가 등을 견학하는 프로그램도 있고, 그 외에 승용마 번식 교육과정 등말에 관련된 많은 교육 기회를 얻을 수 있어.

충남대

충남대는 내과와 외과에 관련하여 훌륭한 교수님들이 계셔서 이 분야에 강점을 가지고 있어. 본과 4학년에는 임상 심화 제도를 통해 임상에 대해 집중적으로 교육을 받을 수 있어. 뿐만 아니라 충남대에서 학 석학 연계과정을 가지고 있어서 일부 학생은 1년 안에 석사학위를 취득할 수 있어. 그 외에 캡스톤 디자인을 통해 학생들이 각 과목과 연관된 상황에서 부딪칠 수 있는 문제를 해결할 수 있는 능동적인 수의사의 자세를 배울 수 있어. 그뿐만 아니라 공동 동물실험센터 내 BSL3 시설이 갖추고 있어서 슈퍼바이러스를 다룰 수 있는 등 다양한 실험이 가능해. 태국 전역에 4개의 캠퍼스를 운영하며 1년에 해당 학교에서만 1500명의 수의사를 배출하는 카세사트 수의과 대학과 학술교류협정을 해서 매년 카세사트 대학의 우수한 시설과 교육과정 및 진료를 배우고 올 수 있어. 그 외에 한국인 최초로 미국 수의 응급중환자전문의자격(DACVECC)를 취득한 허지웅 수의사 선생님, UC Davis에서 동물 행동의학 전문의 과정을 취득하신 김선아 수의사 선생님 등 임상에서 새로 주목받고 있는 과목들의 최전선에 계시는 선배들이 많고 매년 모교에서 특강을 해주시는 등 선후배의 교류가 많은 편이야.

충북대

충북대는 청주와 세종에 캠퍼스를 갖추고 있어. 청주캠퍼스에는 GLP 수준의 실험동물센터와 줄기세포재생의학연구소, 반려동물 중개의학 암센터 등 우수한 연구 및 실험시설이 있어 주로 비임상 교과목에 대한 연구와 교육이 활발하게 이뤄지고 있어. 특히 미국의 존스홉킨스 대학과 연구협약을 맺어 공동연구를 진행하기도 했어. 또한 전국의 수의방역대학원도 충북대 청주캠퍼스를 주축으로 운영되고 있지. 게다가 충북대 학생들은 동물실험 회사들에도 진출하기 쉬운 편이라 진로가 보다 폭넓은 편이야. 물론 충북대는 임상에대한 연구와 교육도 훌륭한 수준이야. 안과와 핵의학과 등 독특한 과목들에 대해서도 훌륭한 교수님들께 배울 수 있지. 또한 최근에는 세종 병원과 세종캠퍼스가 신설되면서 실습과 시뮬레이션을 통한 양질의 임상 교육이 이뤄질 수 있게 되었어.

3. 수의대 면접은 어떻게 준비했나요?

허재벽 : 나는 수시전형을 수의대로만 6개 지원했었기 때문에 면접을 한 3번 정도 봤었어.

학교별로 면접 스타일은 꽤 달랐어. 지금은 어떨지 모르겠지만 몇 학교는 주어진 문제 중에 골라서 풀이를 설명하는 것으로 면접을 대신하는 곳이 있었어. 문제는 보통 생명과학에 관련된 질문들이었어.

반면에 다른 학교에서는 우리가 흔히 생각하는 딱 그 면접을 본 예도 있었어. 이 면접에서 나는 너희가 생각하는 일반적인 질문들은 거의 받지 않았어. 내가 받았던 질문들은 주로 내 자기소개서에 대한 내용이었어. 이 책에서 계속 말했던 것처럼 나는 입학할 때부터 파충류, 양서류 등의 특수동물에 관심이 많았고 이런 내 생각은 자기소개서에도 확실하게 드러났지.

면접을 보시는 교수님들 입장에서도 특이하다고 생각하셨는지 파충류 시장이나, 파충류를 수의사와 엮어서 질문을 많이 하셨어. 그러다 보니 나로서는 가장 내가 관심 있고 자신 있는 분야에 대한 질문이었기에 답변에 막힘이 없었지.

이 면접을 보고 나서 느낀 대학 면접에서 가장 큰 핵심은 면접관이 궁금하다고 느끼고 그 부분에 대해서 질문이 계속해서 이어져야 한다는 것이야. 파충류 관련 질문이 나오고 답을 했지만, 애초에 교수님들은 그 부분들에 대해서 충분히 모르는 내용이었기 때문에 계속해서 추가 질문이 나왔고 나로서는 모두 답하기 수월한 질문들이었어.

< 2019년 면접 질문 예시 >

학교에서 친구들과 공동의 목표를 가지고 노력한 경험과 그 안에서의 나의 역할

가장 기억에 남는 교내상과 그 이유

왜 수의예과에 지원했는가

가장 의미있었던 봉사활동

수의예과에서 공부하다보면 어려운 내용이 많아 포기하고싶을텐데 이를 어떻게 극복할 것인가

가장 최근에 접한 수의학 소식

 마지막으로 하고싶은말

4. 수의대 공부를 위한 사전 지식은 무엇이 있을까요?

이다예 : 수의대 공부를 위한 사전 지식이라고 하면 딱 3가지, 생물, 화학, 영어를 들 수 있어. 나머지는 모두 대학교에서 배우면 되는 것들이야.

생물, 화학, 영어도 미리 지식이 있으면 수업에 따라가기 편하다는 거지 본인이 이 3가지를 못한다고 수의대 공부를 따라갈 수 없다는 것은 아니야. 동기 중에서 고등학교 때 생물, 화학을 공부하지 않은 친구가 있었는데 수업을 이해하는 속도가 처음에는 느렸지만, 나중에는 다른 동기들과 비슷해지더라고.

또 내가 영어를 강조한 이유는 수의대 교재들은 대부분 영어원서가 많기 때문이야. 단순히 해석하는 것 뿐만 아니라 영어로 된 수의학 내용을 이해해야 하기 때문에 영어 실력이 좋으면 수의대 공부를 하기 수월하지. 또한 논문이나 외부 강의들 중에서도 영어로 된 것들이 많아서 영어 실력이 좋다면 본인에게 아주아주 큰 장점으로 작용할 거야.

5. 대학오기 전에 해봤으면 하는 것이 있나요?

김요환 : 버킷리스트를 만들어봤으면 좋겠어. 다들 '대학교 가면 뭐 하고 싶다' 이런 계획이 있을 거야. 그런데 대부분 마음속으로 계획을 세우고 실행하지 않더라고. 그래서 나도 그럴 것 같아서 버킷리스트 일기장을 만들었어. 100개 정도 버킷리스트를 만들고, 수행했을 때 각 페이지에 관련된 사진이나 후기 같은 걸 남겼어.

일기장을 한 장 한 장 채워나가다 보니 인생을 조금 더 내가 살고 싶은 방향으로 살게 되더라고. 나의 버킷리스트 예시 몇 개를 말하자면 '100명의 축하를 받는 생일파티 가져보기', '외국에서 약속도 없이 우연히 원래 알던 친구 만나기', '잡지 표지 모델 해보기', 'TV에 출연하기', '배낭여행', '춤 배우기', '북유럽에서 산타클로스 아르바이트하기', '오로라 보기', '남극 가기' 등등이었던 것 같아. 여기서 달성한 것도 있고 못 했던 것도 있는데 이런 버킷리스트는 나의 삶의 원동력이 되기도 하고 추억이 되기도 해서 나는 버킷리스트를 작성하는 걸 추천해.

아래 사진은 포스코에서 해외봉사 도중 찍은 사진이야. 마침 일정이 내 생일과 겹쳐서, 함께 참여했던 100명 이상의 팀원들이 나에게 생일 축하 노래를 불러줬었어!

이다예 : 일단 고등학교 때를 이야기하자면, 성적도 중요하지만, 친구들과 좋은 추억을 많이 쌓았으면 좋겠어. 흔히들 중·고등학교 때 친구가 진짜 친구라고 하잖아. 모든 경우에 해당하는건 아니지만 그 말이 어느정도 일리는 있는 것 같아.

대학교에 와서 다양한 친구들을 사귀어봤지만, 고등학교 때만큼 그렇게 순수하고 본인의 본래 모습을 다 보여줄 수 있는 친구는 드물거든. 그러니까 고등학교 때 성적을 잘 받는 것도 중요하지만, 친구들의 소중함을 잊지 않앉으면 좋겠어.

그리고 고등학교 졸업하고 대학교 오기 전까지의 시간 동안 내가 꼭 추천하고 싶은 2가지가 있어.

첫번째는 무조건 운전면허증! 나는 저 당시 친구가 운전면허증을 같이 따자고 했었는데 귀찮다고 거절했었거든. 덕분에 두고두고 후회 중이야. 나중에 되면 운전면허증을 딸 시간이 많지 않으니까 고등학교 졸업하면 운전면허증 꼭 땄으면 좋겠어.

두 번째로는 여행! 나는 이 기간을 이용해서 알바도 하고, 받은 알바비를 이용해 국내 여행을 갔었는데 이때 여행 갔던 게 아직도 많이 기억날 정도로 너무 좋았어.

이종성 : 수능 끝나고 대학에 오기 전에 한 3달 정도 시간이 있잖아? 생각해보면 나는 그때만큼 여유롭고 걱정이 없던 시기가 없었던 거 같아. 대학에 와서도 물론 방학이 있지만, 실습을 하거나 꼭 준비할 것이 생기기 때문에 이 시기만큼 여유롭지는 않더라구.

그래서 너희들이 대학에 오기 전 이 시기를 아주 잘 이용했으면 좋겠어. 대학에 오기까지 공부 많이 했잖아? 책상에 오래 앉아있느라 운동할 시간이 많이 없었을 거야. 취미로 새로운 스포츠를 배우거나 아니면 헬스장에서 몸을 만드는 것도 좋은 거 같아. 나는 이 시기를 이용해서 헬스를 열심히 했는데 실제로 이때 살도 많이 빼고 건강해졌어.

그리고 각자 고등학교 때 꿈꿔왔던 새로운 취미생활이 있을 텐데 이 시기에 꼭 시작하는 기를 추천해. 막상 대학에 들어오면은 정신없이 시간이 지나갈 수도 있거든!

허재벽 : 나는 보험, 주식, 사회, 시사같이 살아가는 것에 필요한 것들에 관해 공부해 보는 걸 추천해. 점점 졸업이 다가오면서 사회에 나갈 시기가 되니 이런 지식이 정말 필요하다고 느껴지더라고. 졸업해서 사회생활을 하는 과정에서 모든 의식주와 금전적인 부분들에 대해서 직접 관리를 해야 하는데, 이런 내용을 공부할 수 있는 시간이 그렇게 많지 않아. '대학교에 들어와서 공부해도 충분하지 않겠냐'라고 생각할 수 있지만 저런 지식에 관해서 공부하는 것은 단시간에 쉽게 할 수 없고, 계속해서 해야 하는 것이라서, 미리미리 시작하는 것을 추천해. 특히 이야기했다시피 본과생활이 바빠서 학년이 올라갈수록 습관이 들어있지 않으면 저런 공부를 하기가 매우 어렵거든. 너희는 고등학교 졸업 후 대학에 들어오기 전 여유로운 시기에 이러한 지식을 미리 공부해두고 졸업할 때 나처럼 걱정이 없으면 좋겠어.

6. 수의대에 관련한 독서 뭐를 읽으면 좋나요? 봉사는 어떤걸 하셨나요?

이다예 :

<독서>

동물을 위해 책을 읽습니다. (김보경 지음/책공장 더불어)

내가 추천해주고 싶은 책은 바로 이 책이야. 이것 말고도 추천해주고 싶은 책들도 많은데, 수의대에 지원할 친구들을 위한 것이라 이 책을 추천했어.

이 책은 동물 전문 1인 출판사인 '책공장 더불어'의 사장님이 쓴 책으로 동물복지에 관한 내용을 다루고 있어. 내가 이 책을 추천해주는 이유는 너희가 '동물의 권익'까지 신경을 쓸 수 있는 수의사가 되었으면 하는 마음에서야. 나는 수의사의 역할 중 하나에 '동물 보호'도 있다고 생각하거든.

단순히 동물을 잘 치료하는 것뿐만 아니라, 이 세상 속에서 동물의 권익이 지켜질 수 있도록 하는 것도 수의사의 역할이라고 생각해. 책 내용 중에 공감이 되는 내용도 있고, 그렇지 않은 부분도 있지만 이런 동물 복지를 다룬 내용에 관해서도 관심을 가지면 좋겠으면 하는 마음에서 추천했어.

나도 학교를 다니다 보면 이런 부분에 대해서 점점 생각을 못 하게 되더라고. 동물 질병의 진단, 치료 예방과 같은 부분에만 치우쳐 수의사의 역할에 대해서는 생각하지 못하게 되는 것 같아. 그래서 이렇게 동물의 편에 서서 세상을 바라보시는 분들의 이야기를 들어보면서 우리가 미래의 수의사로서 예민하게 받아들여야 할 부분들에 대해서 생각해봤으면 좋겠어.

\<봉사\>

나는 고등학교 시절 동안 유기동물보호센터와 지역아동센터에서 꾸준하게 봉사활동을 했어. 둘 다 의미 있었던 봉사활동이었지만, 오늘은 유기동물보호센터 봉사활동에 대해서 이야기해 줄게.

유기동물보호센터 봉사활동은 '내가 수의사를 잘 할 수 있을까?' 고민만 하던 나에게 확신을 심어준 계기가 된 봉사활동이야. 보통 수의사를 꿈꿨다고 하면 '집에서 강아지나 고양이 한 마리쯤은 키워봤겠지?'라고 생각하겠지만 나의 경우는 어머니가 털이 있는 동물을 싫어하셔서, 주로 털이 없는 물고기, 소라게, 거북이 등을 키웠었어. 물론 이 친구들도 너무 사랑스러운 반려동물 이었지만, '주로 개, 고양이를 다루는 수의대에서 6년이라는 시간을 잘 보낼 수 있을까?' 라는 의문에 대한 확신을 주지는 못했어. 그래서 개, 고양이를 접할 수 있는 유기동물 보호소 봉사활동을 하자! 해서 봉사를 시작하게 되었어.

처음에는 익숙지 않은 냄새에 적응하기 힘들었지만 봉사하러 올 때마다 나를 반갑게 맞아주는 아이들을 보면서 정말 행복한 시간을 보냈어. 이 경험을 토대로, 아 나는 동물들과 함께 할 수 있는 일을 해야겠구나! 결심하게 되었지.

혹시 너희들 중에 '나는 동물을 키워보지 않아서 수의사가 될 수 있을지 확신이 서지 않는다' 하는 친구가 있다면 유기동물보호센터 봉사활동을 추천해!

내가 봉사를 다니던 곳은 현재 운영을 하고 있지 않아서 봉사 가능한 다른 유기동물보호센터를 알려줄게

- 마석유기견묘 보호소

  - 주소: 경기도 남양주시 화도읍 마석중앙로 107
  - 전화: 031-9999-9999
  - 블로그: https://m.cafe.naver.com/ca-fe/msqhghth
  - 봉사활동 신청 방법: 위 블로그에 가입하면 봉사활동을 신청할 수 있어.

- 서울유기동물입양센터

  - 주소: 서울특별시 중랑구 용마산로139나길 83
  - 전화 : 02-6958-6224
  - 홈페이지:http://www.saac.kr/
  - 신청방법: 홈페이지 통해 예약 가능

위 2곳 외에도 종합유기견보호센터 홈페이지에서 활동을 원하시는 지역 선택 후 신청이 가능해!

종합유기견보호센터 홈페이지 주소 : http://www.zooseyo.or.kr/

박나단 :

<독서>

나에게 진로 선택에 가장 도움이 되었던 책은 '수의사가 말하는 수의사(부키 출판사)'야.

이 책에는 정말 다양한 직업들이 소개 되어 있어서 임상 수의사 뿐만 아니라 매우 다양한 수의사들이 존재한다는 사실을 깨달을 수 있어. 개인적으로 수의대에 진학한 많은 사람들이 진로를 처음부터 제한하기 보다는, 다양한 경험을 하고나서 진로를 선택 했으면 좋겠다는 바램이 있어서 진로의 폭을 넓혔으면 좋겠다는 마음으로 이 책을 강력하게 추천해!

추가로, 이 책은 '수의사가 말하는 수의사2'라는 개정판이 있어. 이는 1권보다 임상을 더 집중적으로 다루었고, 최신 정보를 담고 있다는 장점이 있어.

허재벽 :

<독서>

나는 어떤 책 자체를 추천한다기보다는 본인이 관심 있는 동물 관련 책을 읽어보라고 추천하고 싶어. 나의 경우 파충류에 관심이 있어서 고등학교 때 파충류의 생태적 특성이나 사는 환경, 다양한 종들에 대한 설명 등이 나

와 있는 책들을 찾아서 읽었어. 그중에서 몇 권은 내가 키우는 동물들에 관한 공부를 위해서 읽기 시작했는데 이런 공부가 수의대에 와서 도움이 된 경우가 많았어.

특히 동물을 키우지 못해서 수의대에 왔을 때 동물을 키워본 다른 친구들과 차이가 날 수 있다는 부분들에 대해서 걱정이 있는 친구라면 더욱 이런 책을 추천할게.

만약 나처럼 파충류를 좋아하고 그중에서 거북에 대해서 좀 자세히 알고 싶다면, '낮은 시선 느린 발걸음 거북'이라는 책을 추천할게. 이 책은 거북에 대한 전반적인 모든 내용을 담고 있어. 거북이라는 동물의 상징적 의미, 간단한 해부학적 구조, 생태, 사육법 등등의 정보를 담고 있어.

같은 시리즈의 책 중에는 뱀, 도마뱀, 앵무새, 열대어 등에 대한 책도 있으니까 관심 있는 동물에 대한 책을 골라서 보는 것을 추천해.

7. 수의대에 오고 싶은데 알레르기가 있어요, 이런 경우 어떻게 해야 할까요? (전남대학교 박진형 인터뷰)

Q1. 수의대 입학 전 이 부분에 대해서 고려했었나요?

수의대 입학 전에는 동물 알러지가 있는지 몰랐어요. 입학 후 우연히 간 고양이카페에서 알게되었답니다.

Q2. 학교 수업이나 실습 때는 불편한 점이 없었나요?

학교에서 실습할때는 마스크, 장갑, 가운을 착용하기 때문에 알러지 반응이 잘 나타나지 않았어요.

Q3. 외부 실습 시에 불편한 점은 없었나요?

피부 질환이 있는 아이들을 보정 한 후에는 꼭 손을 꼼꼼히 씻었어요. 하지만 제가 조심하더라도 발톱에 긁히거나, 눈에 알러지원이 들어가면 알러지 반응이 일어나는데, 이때가 가장 힘들었어요. 주변 선생님들은 걱정스러운 마음에 여쭤보시는 것 이겠지만, 괜히 혼자 자격미달이 된 기분에 많이 위축되었어요.

Q4. 본인의 진로에 털 알레르기가 미쳤던 영향이 있었나요?

처음에는 저도 알러지 때문에 공무원이나 연구원을 고려했어요. 하지만 로컬 병원 실습을 다녀보니 증상이 매일 나타나는 것도 아니고 충분히 이겨낼 수 있다고 느껴졌어요. 또 알러지가 있는 수의사 선생님들이 생각보다 많더라구요. 그래서 저도 알러지 때문에 제가 하고싶은것을 포기하지 않기로 결심했습니다!

Q5. 수의대를 꿈꾸는 고등학생들이나, 수의대 예과생들에게 이와 관련하여 해주고 싶은 말이 있나요?

사실 사람마다 알러지 반응이 나타나는 정도가 다르기때문에 제가 함부로 괜찮을꺼라고 말씀은 못드리겠어요. 그렇지만 해보지도 않고 포기해버리지 말고 꼭 도전해보세요!!

8. 수의대는 편입 할 수 있나요?
(충남대학교 편입생 김은아 인터뷰)

Q1. 어떤 공부를 해야하고 어떻게 준비해야 하나요?

네! 수의학과로 편입할 수 있습니다. 학교마다 다르지만 보통 3~4명 정도 매년 편입학을 통해 수의학과로 들어오게 됩니다. 편입생분들은 수의예과는 거치지 않고 본과 1학년 수의학과로 입학하게 됩니다. 편입은 일반 전형이랑 학사 전형이 있는데, 일반전형은 4학기를 수료하면 지원 가능하고 일부 학교만이 일반전형을 통해 편입생을 지원받습니다. 2019년의 경우 건국대, 충북대, 강원대, 전남대, 전북대 학교가 일반전형을 통해 편입생을 지원받았습니다. 학사 전형의 경우 의무적으로 일정 인원수만큼 선발하는 것인데, 보통 한 학교당 1~3명 정도 선발하기 때문에 1년에 편입으로 선발하는 전체 편입생의 인원은 대략 30명 정도입니다.

Q2. 편입하시는 분들은 누구인가요?

사회생활을 하고 있거나, 대학 진학 후에도 수의사라는 꿈을 포기하기 못하신 분들이 편입시험을 보통 응합니다.

Q3. 편입 과목은 어떻게 되나요?

학교마다 전형이 다르고 과목이 다릅니다. 포괄적으로는 보통 전적대 학점, 필기시험, 면접, 영어시험 4가지를 반영합니다. 이 중에서 수의학과 편입을 위해서는 필기시험이 가장 중요한데 필기시험 범위도 학교마다 다양해서 준비하는 것에 어려움이 많습니다. 모교인 충남대의 경우 생물 전반을 깊게 다루고 그 외 대학들은 생물을 기본적으로 해서 수의학개론, 화학등을 보기도 합니다.

Q4. 편입 준비 방법과 준비기간은 어떻게 되나요?

공부 자료나, 준비과정에 대해 잘 나와있는 경우가 적기 때문에 독학보다는 학원이나 인강, 스터디를 통해서 공부를 하게 됩니다.

수의대 편입은 공부량도 중요하지만 운이 중요한 시험이기도 합니다. 가벼운 마음으로 시험을 응하는 사람을 제외하고는 대부분이 정말 열심히 시험을 준비하기 때문에 한 문제 차이로 합격, 불합격이 나뉘는 경우가 허다합니다. 운이 따라주는 경우에 1년 미만으로 준비해서 한 번에 붙는 사람도 있지만 열심히 준비했음에도 운이 안 좋은 경우 몇 년씩 시험을 응하는 경우도 있습니다. 그래서 수의대 편입에 장수생이 많은 편입니다.

Ⅴ

부록

부록 5. 실패와 성공 - 박나단

솔직히 말하면, 수의대는 대부분 공부를 매우 열심히 했던 학생들이 오는 학교야. 그렇기 때문에 어릴 때부터 동물을 너무 좋아해서 꿈이 수의사였던 친구들이 많지만, 성적이 안돼서 포기한 친구들도 많았다고 들었어. 사실 나도 고3 때 응시한 수능 성적이 좋지 않아 포기할 뻔했었어.

내 얘기를 해보자면, 고등학교 3학년 때 최대한 열심히 공부했지만 성적은 수의대에 진학하기에 부족했었어. 그리고 수능은 원하는 성적이 나오는 시험이 아니기 때문에 9월 모의평가보다 훨씬 낮은 점수를 받게 되었지. 그때 수의대를 포기하고 공대를 가느냐 아니면 재수를 해서 수의대에 가느냐에 대해 엄청 많은 고민을 했었어. 그때 가정 형편이 좋지 못했고 내가 과연 잘할 수 있을까라는 자신감도 부족했기 때문에 공대를 가는 것으로 거의 결정할 뻔했었어. 하지만 결국 나는 수의대만 지원했고, 당연히 시원하게 떨어졌어. 그 결과 자동으로 재수를 하게 되었어. 말은 이렇게 덤덤하게 하지만 실제로 재수할 때 엄청 힘들었고, 포기하고 싶을 때마다 나 스스로에게 채찍질을 하며 누구보다 열심히 했어. 그 결과 수의대에 입학할 수 있게 되었지.

내 얘기를 한 것은 이렇게 열심히 해서 내 꿈을 이뤘다는 자랑을 하고 싶어서가 아니야. 진짜 하고 싶은 말은 혹시 지금 수의대에 가고 싶지만 공부에 자신이 없어서 포기할까 말까 고민하는 친구들이 있다면 절대 포기하지 말고 목표를 향해 앞으로 나아가라고 말해주고 싶어. 첫 번째 이유는 내 개인적인 생각으로는 의대의 입학 성적은 매우 높기 때문에 노력만으로 합격할 수 있을지 확신할 수 없지만 수의대는 포기하지 않고 정말 열심히 노력한다면 충분히 얻을 수 있는 점수라고 생각해. 두 번째 이유는 수의대에 대한 꿈을 이뤘을 때 절대로 후회하지 않을 거라고 확신할 수 있어. 수의사라는 직업은 생명을 살리는 직업이기 때문에 멋있고 보람찬 직업이기도 하고 혹시나 나처럼 마음이 바뀌어서 임상 수의사가 되고 싶지 않아도 할 수 있는 일이 너무 많기 때문이야.

나는 이 책을 읽는 사람들 중 수의대에 대한 꿈이 있는 사람이라면 꼭 수의대에 진학해서 목표를 이뤘으면 좋겠어

VI

기타

1. 수의대생은 모두 동물을 좋아하나요?

이다예 : 내 주변 친구들을 보면 대부분 동물을 많이 좋아하기는 하지만, 동물을 좋아하지 않는 친구들도 있어. 수의대를 졸업한다고 해서 꼭 동물과 함께 해야 하는 건 아니거든.

혹시 동물이 무서워서 수의대 진학 결정을 망설이는 친구들이 있다면, 내 이야기를 해줄게. 나는 동물이 좋고 수의대에 너무 오고 싶었지만 큰 개가 너무 무서웠어. 수의사가 되면 여러 종류의 개들을 치료해야 할 텐데 수의사가 개를 무서워하는 건 말이 안 되잖아? 결국 이 부분을 극복해야 하는데, 내가 과연 그럴 수 있을까 고민이 됐었어.

막연하게 괜찮겠지 하는 것보다 '직접 경험해보고 결정해보자!'라는 생각으로 유기견 동물보호소에서 봉사를 다니게 되었어. 처음에는 큰 개들이 무서워서 진땀도 나고 도망치고 싶었는데, 케이지를 청소해줄 동안 내 옆에서 꼬리를 살랑살랑하며 애교부리는 아이들을 보면서 큰 개에 대한 두려움이 없어졌어. 이 경험 덕분에 수의대 진학을 결정할 때 좀 더 확신이 생겼지.

< 유기견 동물 보호소에서 만난 예쁜강아지들 >

허재벽 : 동물을 모두 좋아하느냐는 질문에는 아니라고 대답하는 게 맞는 것 같아. 수의대에 임상을 꿈꾸며 온 친구들은 당연히 동물을 좋아하니까 수의대에 온 경우가 많지만, 비임상이나 연구직을 꿈꾸며 수의대에 온 친구들은 동물에 크게 관심이 없을 수도 있거든. 그렇지만 기본적으로 동물을 싫어하거나 무서워하는 친구들은 많이 없는 것 같아. 기본적으로 수의대에 온 친구들은 대부분 동물을 보면 귀엽다고 생각하고 조심스럽게 다루던 친구들이 많았어.

2. 수의대생은 직접 반려동물을 치료하나요?

이다예 : 아니! 수의대생들도 반려동물이 아프면 다 동물병원을 가서 수의사 선생님께 치료를 받아. '수의사가 아니면 동물을 진료할 수 없다.'라고 수의사법 제10조(무면허 진료행위의 금지)에 명시되어있거든. 수의대생도 수의사 면허를 따기 전까지는 그저 학생일 뿐이기 때문에 동물에 대해 진료행위를 할 수 없지.

그러면 '수의대에서 이루어지는 실습은 불법인가요?'라고 생각할 수 있겠지만, 수의사법 시행령 제12조(수의사 외의 사람이 할 수 있는 진료의 범위)에 따르면 수의대생들은 '법적으로 수의사의 자격을 가진 지도교수의 지시·감독을 받아 전공 분야와 관련된 실습을 하기 위하여 하는 진료행위'는 가능하기 때문에 실습을 목적으로 한 진료행위는 불법이 아니야.

이와 관련된 법률조항은 밑에 적어둘게.

<관련법률>

수의사법 제10조(무면허 진료행위의 금지) 수의사가 아니면 동물을 진료할 수 없다. 다만, 「수산생물질병 관리법」 제37조의2에 따라 수산질병관리사 면허를 받은 사람이 같은 법에 따라 수산생물을 진료하는 경우와 그 밖에 대통령령으로 정하는 진료는 예외로 한다. <개정 2011. 7. 21.>

수의사법 시행령 제12조(수의사 외의 사람이 할 수 있는 진료의 범위) 법 제10조 단서에서 "대통령령으로 정하는 진료"란 다음 각 호의 행위를 말한다. <개정 2013. 3. 23., 2016. 12. 30.>

1. 수의학을 전공하는 대학(수의학과가 설치된 대학의 수의학과를 포함한다)에서 수의학을 전공하는 학생이 수의사의 자격을 가진 지도교수의 지시·감독을 받아 전공 분야와 관련된 실습을 하기 위하여 하는 진료행위

2. 제1호에 따른 학생이 수의사의 자격을 가진 지도교수의 지도·감독을 받아 양축 농가에 대한 봉사활동을 위하여 하는 진료행위

3. 축산 농가에서 자기가 사육하는 다음 각 목의 가축에 대한 진료행위

가. 「축산법」 제22조제1항제4호에 따른 허가 대상인 가축사육업의 가축

나. 「축산법」 제22조제2항에 따른 등록 대상인 가축사육업의 가축

다. 그 밖에 농림축산식품부장관이 정하여 고시하는 가축

4. 농림축산식품부령으로 정하는 비업무로 수행하는 무상 진료행위

3. 수의대에는 CC가 많나요?

김요환 : 나는 CC를 안 했는데 처음에는 CC인 친구들이 부러웠어. 수업도 같이 들을 수 있고 항상 같이 다니는 게 예뻐 보이더라고. 그런데 지금 와서 돌아보면 인간관계라는 게 아무리 좋아도 어느 정도 거리가 있는 게 좋은 것 같아. 물론 사람마다 다르겠지만 나는 좀 자유로운 성격이어서 모든 걸 공유하는 건 조금 불편했을 것 같거든. 그리고 수의대는 다른 학과랑은 달리 휴학도 잘 하지 않고 중간에 군대에 가지 않기 때문에 CC가 깨져도 계속 봐야 하는 상황들이 많아. 장단점이 있기 때문에 본인이 잘 생각해서 결정하는 게 좋을 것 같아.

허재벽 : CC는 많지. 특히 동기 CC가 입학하고 첫 학기에 정말 많이 생겨. 처음 보는 친구들이랑 엠티나 여러 행사를 거치다 보면 자연스럽게 서로 관심이 생기고 사귀는 경우가 많거든. 물론 동기끼리만 연애하는 건 아니

고 선후배 사이에서도 커플이 많이 생겨. 수의대라는 과 특성상 타과들과 많은 교류가 있지 않고 대부분의 시간을 수의대생들끼리만 보내게 되면서 과CC가 정말 많은 것 같아.

그런데 슬프게도 앞에서 말한 첫 학기에 사귄 커플들은 오래 못 가는 경우가 많더라. 아무래도 대학교에 막 입학해서 설렘과 두근거림으로 서로 아직 잘 모르는 상태에서 사귀는 경우가 많아서 그런 것 같아.

그럼에도 불구하고 나는 CC에 대해서 나름 긍정적으로 생각하고 있어. 내가 지금 오랫동안 CC를 유지하고 있는 사람 중 한 명이기도 하고 CC를 하면서 얻는 이점이 매우 많다고 생각하기 때문이야. 같은 학과에 다니기 때문에 좀 더 서로의 상황을 잘 이해해 줄 수 있기도 하고, 다른 커플들에 비해서 자주 만나고 같이 공부하면서 시간을 보낼 수 있다는 것도 매우 큰 장점 중에서 하나인 것 같아.

사실 CC고 그냥 커플이고 떠나서 자기랑 가장 잘 맞는 사람을 만나야 오래가고 좋은 연애를 하는 것 같아. 대학교에 와서 너무 성급하게 연애를 결정하는 일은 없길 바랄게.

4. 학교 다니면서 있을만한 좋은 아이템

김요환 : 나는 자전거, 전동 킥보드, 스쿠터 등 이동 수단을 추천해 주고 싶어. 특히 예과 때는 교양을 듣기 위해서 여기저기 이동을 해야 하는데, 우리 학교는 캠퍼스가 넓어서 걸어 다니기에 시간이 너무 오래 걸렸거든.

본과 때도 학교 일정이 많고 공부해야 하는 시간이 길어서 이동 수단이 있으면 아침에 잘 수 있는 시간도 늘어나고, 밤에도 대중교통 시간에 구애받지 않고 늦게까지 공부할 수 있어서 큰 도움이 돼.

이다예 : 학교 다니면서 있으면 좋을 만한 아이템을 추천해달라고 하면 나는 단연 태블릿 pc!

예과 때는 그 필요성을 못 느낄 수 있는데 본과에 들어서면 태블릿 pc가 정말 많이 필요해.

예과 때는 수업량이 적고 교재를 이용한 수업이 많지만, 본과 때는 교수님들이 대부분 피피티로 수업하시고, 그 양도 많아서 모두 프린트할 수가 없어. 그래서 수의대의 많은 친구가 태블릿 pc로 피피티를 다운받아서 거기에 필기를 많이 하지,

프린트와 필기구값 절약적인 측면과 아울러 태블릿 pc는 노트북보다 편의성이 매우 커서, 이동시간을 이용해 공부하기에도 편해. 나도 종종 시험 기간에 바쁠 땐 지하철이나 버스에서 태블릿 pc를 이용해서 자투리 시간을 활용했었어.

태블릿 pc 자체는 비싸지만, 높은 활용도와 태블릿 pc를 구매함으로써 절약한 많은 프린트 값과 필기구값을 생각하면 전혀 후회 없을 선택이라고 생각해!

5. 어떤 동물을 가장 좋아하나요?

이다예 : 나는 단연 쿼카! 쿼카는 캥거루과 쿼카속의 소형 동물로 서호주에 있는 로트네스트 섬에 가면 볼 수 있어. 이 섬에 가서 쿼카와 같이 사진을 찍는 것이 내 버킷리스트 중 하나야.

쿼카는 2가지 별명을 가지고 있는데, 첫 번째 '세상에서 가장 행복한 동물'이야. 이는 쿼카가 항상 웃는 얼굴을 하고 있어서지. 두 번째는 '웃으며 걸어오는 벌금'이야. '이렇게 귀여운 아이한테 벌금이라니!' 싶겠지만 쿼카는 현재 멸종 위기 취약(VU) 종으로 분류되어있어서 쿼카를 만지면 최대 300 AUD(약 25만 원)까지 벌금을 물 수 있어.

쿼카는 경계심이 없고 호기심 많은 성격 때문에 낯선 사람에게도 쉽게 다가오곤 하는데, 이렇게 귀여운 아이가 다가오니까 만져보고 싶겠지만 이 책을 보는 친구들은 쿼카를 아껴주는 마음을 담아서 눈으로만 보는걸로!

허재벽 : 내가 제일 좋아하는 동물은 파충류야. 대부분의 사람들이 파충류라고 하면 좀 무섭고 어두운 이미지를 생각하는데 나한테는 그저 귀여운 친구들일 뿐이야.

그래서 지금 몇 가지 종의 파충류를 사육하고 있어. 그중에서 내가 내가 제일 좋아하는 종은 멕시칸 블랙 킹스네이크, 인도별거북이야.

블랙 킹스네이크는 이름에서 알 수 있는 것처럼 말 그대로 검은색 뱀이야. 그중에서도 온몸이 모두 검은색인 뱀이어서 마치 반짝반짝거리는 검은색 자동차 같은 느낌에 뱀이야. 정말 멋있어서 내가 좋아하는 뱀이지.

그다음에 또 다른 좋아하는 종은 육지거북이의 한 종인 인도 별거북이야. 많이 크지 않은 육지거북이고 무늬가 매우 화려해서 정말 멋진 동물이야. 그리고 이 거북이들은 채식을 하는 동물이라서 먹이용 채소를 주고 가만히 보고 있으면 힐링이 되는 동물이야.

종성: 나는 판다, 나무늘보, 강아지와 같이 귀여운 동물들을 좋아해. 그중에서 나는 강아지를 제일 좋아해. 다른 동물들도 마찬가지겠지만 강아지랑 같이 시간을 보낼 때 특히 교감하고 있다는 생각이 들게 되거든. 강아지가 내 말을 알아듣는 것 같고 내 마음을 이해해 주는 느낌이 들더라고. 그래서 나는 강아지를 키우는 큰집에 가는 거를 엄청 좋아했는데 너희 혹시 '베들링턴 테리어' 들어봤니? 아마 주변에서 많이 키우는 강이지 종은 아니라서 못 들어봤을 수도 있는데 엄청 귀엽게 생기고 애교도 많은 종이야.

이 강아지는 큰집에서 키우는 '보리'인데 엄청 귀엽지 않니? '보리'는 베들링턴 테리어 미용대회 1등 출신이고 눈 사이가 멀어서 앞에서 보면 눈이 안 보이는게 매력이야. 어렸을 때부터 보리랑 놀아서인지 나는 강아지 중에서 '베들링턴 테리어'가 제일 귀엽더라구. 너희들도 유튜브에서 '베들링턴 테리어' 찾아봐서 매력을 한번 느껴봐!

6. 고양이 vs 강아지

이다예 : 너무 어려운 문제야. 강아지는 강아지 나름의 발랄한 매력이 있고, 고양이는 고양이 나름의 매력이 있거든. 그렇지만 굳이 하나를 꼽자면 나는 고양이!!

나는 원래 강아지를 훨씬 좋아하고 고양이는 별로 안 좋아했는데, 수의대에 들어와서 고양이의 매력을 알아버렸어. '고양이'하면 흔히들 도도하다고 생각을 많이 하는데 '개냥이'라고 해서 애교 많은 고양이도 엄청 많아! 평소에는 도도하다가 애교 한번 부려주면 이제 나는 녹아버리지.

허재벽 : 나는 강아지 고양이 둘 다 좋지만, 하나를 고르자면 강아지!

나는 현재 본가에서는 고양이를 키우고 있어. 지금은 거의 할머니가 된 고양이지만 너무 귀여워서 본가에 갈 때마다 끌어안아 주는 사랑스러운 친구야.

근데 사람은 대부분 가지지 못한 것을 더 가지고 싶어 하잖아? 그래서 그런지 대학교 온 이후로 사람한테 사람한테 치대면서 놀아달라고 졸졸 쫓아다니는 강아지들의 모습이 너무 예쁘고 귀엽더라고. 또 산책하고 같이 밖에 나가서 놀 수 있는 부분들도 엄청나게 매력적으로 느껴졌지.

7. 개의 상체와 하체의 기준은 뭔가요?

너희들 혹시 이런 사진 본 적 있어? 이 사진은 강아지에서 상체 하체를 어떻게 나누어야 하냐는 질문과 함께 올라왔던 사진인데, 답을 하기 전에 우선 스스로 생각해봐. 너희는 1번과 2번 중에 어떤 게 정답이라고 생각해?

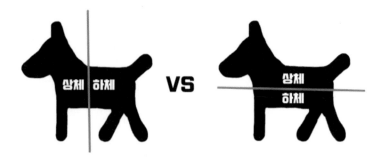

정답은 '없음'이야!

강아지에게 '상체와 하체'라는 개념은 존재하지 않거든, 상체 하체 대신 아래 그림과 같이 'cranial caudal' /'dorsal ventral'의 개념으로 구분하지.

그래도 굳이 둘 중에 하나를 고르자면, 정답은 1번이야

해부학적으로 보았을 때 사람의 상체는 '흉부 장기, 머리를 포함한 부분', 하체는 '복부 장기를 포함한 부분'이니까 강아지에서 상체와 하체는 1번으로 나누는 것이 맞지.

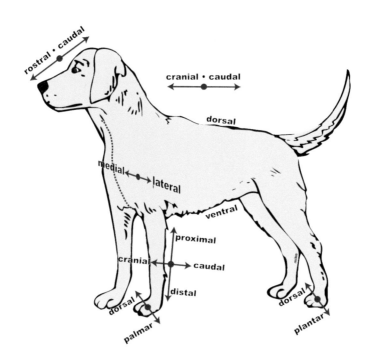

VI

부록

부록 6. 사이테스 개체 등록 및 사육 - 허재벽

나는 초등학교 때부터 파충류라는 동물들을 너무 좋아했어. 뱀, 거북이, 도마뱀등을 너무 좋아했어서 키우고 싶다는 생각을 엄청 많이 했었지만, 부모님이 반대를 하셨기 때문에 본가에서 살던 초, 중, 고등학교 때까지는 파충류 사육을 할 수 없었어. 대학생이 된 후에 학교가 본가에서 멀어지면서 자연스럽게 자취를 시작했어. 그 때부터는 부모님도 나 혼자사는 방이니까 알아서 관리하고 사육을 하라고 하셔서 파충류를 키우기 시작했어.

나름 어릴 때 부터 여러 파충류에 대한 정보들을 인터넷이나 책으로 알아봤었기 때문에 키우고 싶다고 계속해서 생각해온 동물들을 우선적으로 입양을 해서 키우기 시작했어. 그중에서 내가 가장 아끼고 지금 열심히 키우고 있는 동물은 인도별거북이라고 부르는 육지거북이야.

이렇게 생긴 거북이들을 인도 별거북이라고 불러. 이 친구들은 일반적으로 알고 있는 물에 사는 거북이와 다르게 육지거북으로 땅에서 살고 물속에서 헤엄치지는 않아. 식성도 거의 완전한 초식성이라서 치커리, 돼지호박같은 야채들을 먹으면서 커가지.

이런 육지거북과 같은 몇몇 동물들은 CITES라고 하는 국제협약에 제약을 받고 있어. CITES라는 약어로 불리는 이 협약의 정식 명칭은 'convention on International Trade in Endangered Species of Wild Fauna and Flora'이야. 간단하게 말을 하자면 멸종위기에 처했거나 가능성이 있는 동물들을 국가간에 거래시 규제가 되는 동,식물종들을 말하는거야.

이렇게만 설명을 들으면 멸종위기종을 키워도 되나 싶을텐데, 당연히 함부로 사육하는 것은 문제가 될 수 있어. 이러한 종들은 한국으로 수입이 되어 오거나 인공증식이 되어서 분양될 경우에 무조건 환경부에 등록된 사이테스서류를 같이 발급 받아야만 해. 나도 내가 키우는 두마리의 별거북을 입양받을 때 정식으로 사이테스 서류를 발급받았고, 합법적으로 환경청에 신고해서 사육하고 있지.

내가 이 이야기를 하는 가장 큰 이유는 나처럼 특수동물을 좋아하고 사육을 하고 싶은 사람들은 꼭 사이테스에 해당되는 동물인지 확인하고 입양을 고려하길 바래서야. 꽤나 많은 사람들이 키우고 싶은 동물에 대해서 알아보면서 동물 사육에 필요한 정보를 알아보고 정작 그 동물이 사이테스종인지 모르고 서류가 등록되지 않은 불법 개체를 분양가가 싸다는 이유로 입양해서 문제가 되는 경우가 있어. 이 글을 읽은 친구들은 그런 일이 없길 바라.

VII

책을 마무리 하며

1. 졸업 후 하고 싶은 일은 무엇인가요?

김요환 : 나는 졸업 후에 의료용 인공지능을 만드는 일을 하고 싶어. 수의사와 인공지능이라니! 이 둘을 연관 짓기 어렵겠지만 인공지능을 개발하기 위해서는 컴퓨터 프로그래머들만 필요한 게 아니야. 인공지능이 사용될 분야의 전문가가 있어야 데이터를 분석할 방법을 정확하게 개발할 수 있거든. 이러한 점에서 인공지능 개발에서 수의사가 관여할 수 있는 일이 많아.

수의사는 기초의학 지식부터 임상학적 지식까지 광범위한 지식을 가진 전문가야. 따라서 이러한 지식들을 기반으로 프로그래밍적인 센스만 더하면 인공지능을 개발하는데 매우 큰 도움을 줄 수 있어!

박나단 : 니는 백신, 신약 개발과 같이 바이오에 관련된 분야를 전문적으로 연구하고 싶어. 수의대에 들어오고 싶었던 이유와 졸업 후에 하고 싶은 일

이 너무 달라서 신기하지? 내가 이 분야를 선택하게 된 결정적인 이유는 이 분야에서 뛰어난 전문가가 되어 많은 사람들에게 도움이 될 수 있는 연구를 하고 싶기 때문이야.

나는 현재 꿈을 위해서 방학 때마다 여러 실험실에서 실습도 해보고 있어. 실습을 하면서 이 길이 경제적, 정신적으로 매우 어려운 길이라는 것을 느꼈고, 과연 내가 할 수 있을까 하고 고민될 때도 많았어. 하지만 실습을 지도해 주시던 교수님들의 좋은 말씀을 듣고 확신을 하게 되었지. 그 중 특히, '연구를 통해 좋은 신약이 개발된다면, 많은 사람들한테 도움이 될 수 있기에 보람을 느끼고 사명감을 가진다'라고 하신 말씀이 나한테 크게 다가왔어. 왜냐하면 어릴 때부터 내 직업 선택에 가장 중요한 기준은 보람이었기 때문이야. 그래서 나는 사명감을 가지고 많은 사람에게 도움이 되는 연구를 하는 것이 나의 최종 목표야.

이다예 : 나는 졸업 이후에 '봉사하는 수의사'이자 '훌륭한 후배수의사를 양성하는 교수'가 되고 싶어.

이렇게 한 문장으로 정리해서 말할 수 있기까지 참 많은 고민을 했어.

내게 진로 선택에 있어서 가장 고민스러웠던 것이 진로 선택의 '기준'을 정하는 것이었어. 선택을 위해서는 어떤 '기준'이라는 것이 필요하잖아? A 선택지는 기준에 부합하지 않아서 탈락, B 선택지는 기준에 부합하니까 보류하는 것처럼 말이야.

내가 진로 선택에 있어서 처음 시도했던 방법은 '룰아웃' 방법이었어. 이건 모교 교수님께서 알려주신 것인데, 여러가지 선택지 중 정말 아닌 것을 배제시키면서 하나를 추려내는 방법이야.

이 방법으로 선택지들을 줄여보려고 노력했었는데, 어느정도까지는 선택지가 추려지지만, 정작 중요한 선택지들 사이에서는 변별력이 없는 방법이더라고. 룰아웃 방법으로 선택을 하다보니 가장 중요한 본질을 놓친 채 선택지들의 단점만을 저울질하면서 어떤 선택지의 단점이 더 큰가 셈하고 있는 내 자신을 발견하게 되더라고.

그래서 내가 시도했던 방법이 Top down 방식으로 좁혀나가는 것이었어. 큰 명제를 정하고, 그 방향에 부합하는 세부적인 내용들을 정하는 식으로 말이야.

나의 경우를 예를 들어서 설명하자면

첫번째, '나는 세상에 좋은 영향을 끼치는 사람이 되고싶다.'

↓

두번째, 나는 **'수의사'**라는 직업으로 세상에 좋은 영향을 끼치는 사람이 되고싶다.

↓

세번째, 그중 나는 가장 넓은 학문의 범위를 다루며 많은 동물/사람에게 도움을 줄 수 있는 **'내과 수의사'**가 되고싶다.

↓

네번째, 나는 '내과'라는 학문을 공부하여 **'교수'**가 되어서 세상에 좋은 영향을 끼치는 사람이 되고싶다.

나는 이런 식으로 진로를 좁혀나갔어. 직업적으로는 '교수'를 선택했는데,

한분의 교수님이 많은 학생들과 수의사들에게 미치는 영향력을 보고 '나도 저런 사람이 되어야지'라고 생각했던 것 같아.

좋은 수업을 통해 후배 수의사를 양성하며, 좋은 강의를 통해 수의사들이 올바른 진료를 볼 수있도록 해주고, '연구'를 통해서 새로운 치료법을 개발하시는 교수님들의 모습을 보고 '교수님'이라는 직업이 내 모토인 '세상에 좋은 영향을 끼치는 사람이 되고싶다'와 정말 잘 부합하는 것 같더라고.

 그래서 나는 '봉사하는 수의사'이자 '훌륭한 후배수의사를 양성하는 교수'가 되고 싶어.

이종성 : 나는 아직 졸업 후에 어떤 일을 할지 잘 모르겠어. 수의학과 졸업 후 다양한 진로를 갈 수 있다는 것이 장점이기도 하지만 다양한 선택의 폭 때문에 고민이 되기도 해.

현재로서는 공무원 아니면 소동물 임상 수의사를 생각 중이야. 딱 봐도 두 개의 직업이 너무 다르지? 그래서 나도 고민이야. 나의 성향과 잘할 수 있는 점을 고민해서 진로를 정해야 하는데 학기가 끝날 때마다 변하더라구.

공무원을 하게 된다면 연구 분야 공무원보다는 농림축산식품부에서 수의학법 개정, 정책을 담당하는 공무원이 되고 싶어. 나는 비임상 과목을 공부하면서 연구 분야에 큰 호기심이 생기지 않더라고. 그래서 연구 관련보다는 행정 업무를 담당하는 공무원에 관심을 갖게 되었어.

임상 수의사가 되고 싶은 이유는 동물 병원에 실습하면서 바라본 수의사 선생님들 모습에 감명을 받았기 때문이야. 수의사 선생님들이 자기 환자를 끝까지 책임지시고 치료를 위해 고민하시는 모습들을 보면서 수의사가 가져야 하는 책임감과 사명감을 배우게 되었어. 지금 내가 미래에 어떤 일을

할 것이라고 확실히 말을 할 수 없지만 어떤 일을 하든 사회에 도움이 될
수 있는 수의사가 되고싶어.

허재벽 : 나는 앞서 말한 것처럼 특수동물 임상 수의사를 하고 싶어. 하지만
일반적인 동물 병원을 개원해서 임상 수의사를 하기보다는 국립 생태원과
같은 특수동물의 임상과 연구를 함께 진행할 수 있는 곳에서 일하고 싶어.

내가 진료를 보고 싶은 파충류, 특수동물 수의사라는 분야는 아직까지도
연구가 많이 진행되지 않은 분야야. 특히 대부분의 자료들이 한국에서 자
생하는 파충류보다는 외국에서 연구된 자료들이 많기 때문에 한국에서 자
생하는 파충류에 대한 연구도 하고 싶고, 파충류들의 건강을 책임질 수 있
도록 진료도 보고 싶다는 것이 내 욕심이야. 두 가지 모두 하는 것이 매우
힘든 일이겠지만, 당장 내가 하고 싶은 꿈은 저 두 가지를 같이 하는 것이
야.

2. 미래의 후배에게 하고 싶은 말?

김요환 : 나는 이 책을 통해 너희들이 6년의 대학 생활을 알차게 보냈으면 좋겠어. 나는 나름대로 재밌게 6년을 보냈는데 지금 다른 친구들이랑 이야기를 하다 보면 아무것도 안 하고 그냥 시간을 보냈던 친구들은 많이 후회하더라고. 그리고 여태까지는 성적이라는 하나의 지표를 높이기 위해 경쟁을 했지만, 대학에 들어온 이후로는 너무 집착하지 않았으면 좋겠어. 생각해 보니까 그전까지는 내가 어떤 사람인지 잘 모른 채 공부만 했던 것 같더라고. 그런데 대학교에 들어와서는 이전보다 상상할 수 없을 만큼 자유로울 거야. 그 시간을 잘 활용해서 정말 뭐든 해볼 수 있는 시기니까 너에 대해 알아가는 시간을 가졌으면 좋겠어.

박나단 : 너희들이 수의대에 오게 된다면, 원했던, 원하지 않았든 간에 아무 의미 없이 시간을 보내지 않았으면 좋겠어.

예과 1학년 때는 학교 행사에 참석하고, 새로운 동기들과 친해지다 보면 저절로 바쁘게 지낼 수 있어. 그러나 예과 2학년 때부터는 본인의 선택에 따라 시간을 어떻게 보내는지가 달라져. 우리 학교에는 예2병이라는 말이 있었어. 이는 아무것도 하지 않고 집에서 무료하게 시간을 보내는 상태를 뜻하는 말이야. 이러한 예2병에 걸리지 않도록 꼭 주의하길 바라. 이는 공부하라는 것이 아니라 다양한 다른 학과 사람들도 만나보고, 새로운 취미도 개발해보고, 다양한 알바도 해봄으로써 스스로에게 활발한 에너지를 불어넣으라는 뜻이야 화이팅!!

이다예 : 나는 이 책을 통해서 너희들이 의미있는 수의대 생활을 했으면 좋겠어. 내가 본과에 올라와보니 예과 때 미리 알았으면 좋았을걸 하는 것들이 많았거든. 너희들은 나를 타산지석 삼아서 조금 더 슬기로운 수의대 생활을 하길 바라!

또 내가 한가지 더 당부하고 싶은 것은 너희들이 수의대에 들어온다면, 수의대에만 국한해서 활동하지 않았으면 좋겠어. 수의대를 졸업한다고 해서 꼭 '수의사'가 되어야 하는 것은 아니거든. 예를 들어 수의대에서 배운 공부를 토대로 비임상 분야에 간다거나, 창업을 한다거나, 기자가 된다거나 기타 등등 할 수 있는 일들이 많아. 이렇게 다양한 기회들이 있는데 이를 무시하고 오로지 '수의사'만을 목표로 삼는 것은 참 안타까운 일 같아.

그러니까 수의대에 왔다고 해서 무조건 수의사가 되겠다는 마음보다는, 수의대라는 프레임에서 벗어나서 본인이 무엇을 잘하고, 무엇을 하고 싶은지 생각해봤으면 좋겠어.

이를 위해서는 수의대 친구들 뿐만 아니라, 다른 관심사를 가진 친구들도 많이 만나봐. 나도 학기 중에는 매일 학교에 가야 했기 때문에 만나는 사람들이 거의 수의학과 친구들이었지만, 방학 때는 수의학과가 아닌 다른 과 친구들과 많이 만나려고 노력했어. 동일 관심 분야를 가진 친구들과만 이야기하다 보면 이야기 주제와 관점이 비슷해져서 나도 모르게 편협한 사고를 하게 되는 것 같더라고.

수의대에 들어오게된다면, 다양한 사람들, 그리고 다양한 경험을 통해 너희들의 사고의 폭을 넓히려고 노력해봐!

이종성 : 수의대에 들어오기 전에 충분히 수의학과가 어떠한 커리큘럼으로 공부하고 졸업생들은 어떤 일을 하는지 알아보고 수의대에 지원했으면 좋겠어. 나는 제대로 알아보지 않고 '수의사 뭔가 멋있어 보인다'라는 단순한 생각으로 지원했거든. 그래서 처음에 학교에 입학해서 어떤 수업을 들어야 하는지 알게 됐을 때 이전에 생각했던 공부와 달라서 당황했었어. 생각해 보면 대학교 선택이 정말 중요한데 내가 너무 단순히 과 이름만 보고 충분한 고민 없이 학과를 선택했던 것이 아닌가라는 생각이 들어. 지금은 수의학과를 선택한 것이 잘했다는 생각이 들지만 내가 좀 더 자세히 알아보고 학교에 들어왔다면 흔들림 없이 학교에 다닐 수 있었을 것 같아. 주변 동기들 이야기를 들어보면 나처럼 학교를 단순하게 선택한 경우가 많더라고. 그냥 '전문직이라서' 혹은 '군대를 대체 복무로 해결할 수 있어서' 같이 구체적인 동기가 없이 입학한 동기들이 주변에 있는데 이 경우에 학과에 애정을 갖기가 힘든 것 같아.

그래서 수의학과에 지원하기 전에 수의학과에 관한 정보를 뉴스나 서적을 통해 스스로 찾아보고 판단해 봤으면 좋겠어.

충분한 고민 후에 수의학과를 선택했다면 훨씬 더 의미 있게 대학생활을 할 수 있을 거야. 그리고 이 책에는 우리 5명이 대학교 생활을 마무리하면서 각자 느낀 생각 그리고 더 잘 보낼 수 있었다는 아쉬움 등이 녹아있으니까 이 책을 통해 우리보다 더 후회 없는 대학생활을 하기 바래!

허재벽 : 나는 이 질문에 대한 답을 수의대를 정말 오고 싶고 수의사라는 직업을 원해서 선택한 친구들에게 해주고 싶어. 대부분의 수의대를 오고 싶어 하는 친구들은 동물 병원 수의사라는 직업을 보고 오는 경우도 많을 것이고 동물을 단순히 좋아해서 수의사라는 직업을 갖고 싶어 하는 것일 수도 있어. 모두 당연히 타당한 이유고 좋은 동기라고 생각해. 다만 너희 미래의 할 일과 직업에 대해서 좀 더 현실적인 상황과 원하는 이상향의 구분이 필요하다고 생각해.

수의사의 미래가 흔히 이야기하는 것처럼 전문직이라는 장점이 있긴 하지만 모든 것이 좋은 것은 아니야. 계속해서 언급한 것처럼 단순히 동물 병원 수의사가 아닌 여러 가지 방향으로 진로를 잡을 수 있으니까 정말 하고 싶은 일과 현실이 일치하는지 원하는 꿈이 맞는지 곰곰이 생각해 보고 수의대에 오길 바라.